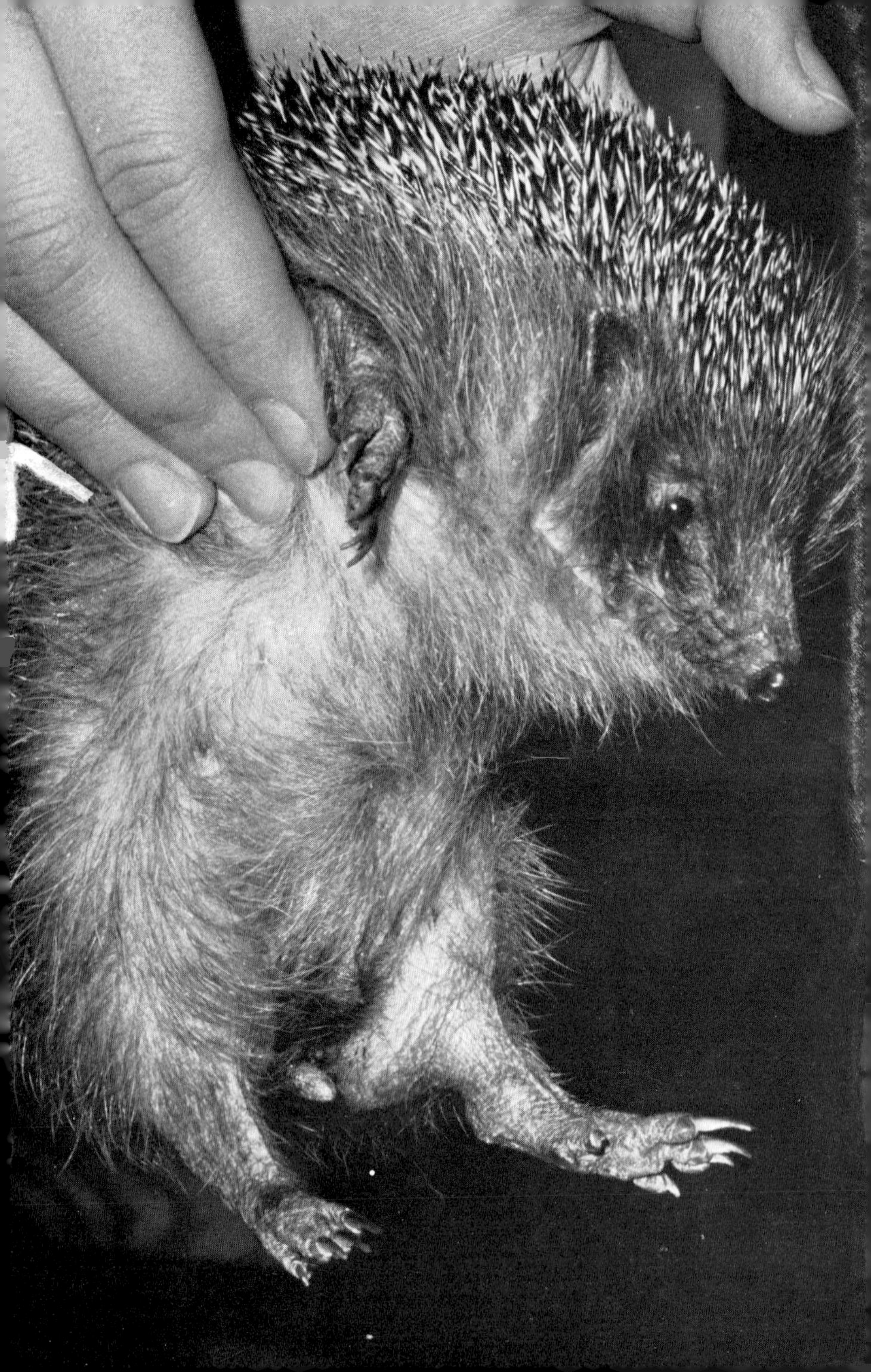

Claudia Bestajovsky

Igel in Pension

Wie hilft man Igeln über den Winter?

Kosmos
Gesellschaft der Naturfreunde
Franckh'sche Verlagshandlung
Stuttgart

Mit 8 Farbfotos und 28 Schwarzweiß-Aufnahmen von Richard Grittner

Umschlag von Edgar Dambacher unter Verwendung eines Farbfotos von
Marianne Golte-Bechtle

Holländische Ausgabe: W. J. Thieme & Cie., Zutphen / Niederlande

CIP-Kurztitelaufnahme der Deutschen Bibliothek

Bestajovsky, Claudia:
Igel in Pension : wie hilft man Igeln über d.
Winter? / Claudia Bestajovsky. – 6. Aufl. –
Stuttgart : Franckh, 1985.
(Kosmos-Vivarium)
ISBN 3-440-05423-3

6. Auflage / 109. – 113. Tausend
Franckh'sche Verlagshandlung, W. Keller & Co., Stuttgart / 1985

L14 Hrr / ISBN 3-440-05423-3 / Printed in Germany / Imprimé en Allemagne
Gesamtherstellung: Konrad Triltsch, Graphischer Betrieb, Würzburg

Igel in Pension

Gewidmet meinen Eltern Anna Grittner und Richard Grittner

Claudia Bestajovsky

Bild 2. Der Igel in freier Natur: So wollen wir ihn erhalten.

Liebe Tier- und Naturfreunde!

Professor GRZIMEK machte im Oktober 1971 in einer Fernsehsendung auf die Notlage der jungen Igel im Herbst und Winter aufmerksam. Er wies auf die Möglichkeit hin, eines dieser nützlichen und bei uns so gefährdeten Tiere über die kalte Jahreszeit als Hausgenossen aufzunehmen.
Ich fühlte mich als Tierfreundin angesprochen und startete noch im selben Herbst in meiner Heimatstadt eine Igel-Rettungsaktion. Ich sammelte von Oktober bis Januar junge Igel und brachte sie in Familien unter, wo sie bis zum Frühjahr betreut wurden.
Weil ich bei meinen Bemühungen sehr viel Echo fand, konnte ich meine zweite Igel-Rettungsaktion im Herbst 1972 auf einer breiteren Basis durchführen. Als ich im Oktober mein Studium an einer auswärtigen Universität aufnahm, übernahm meine Mutter die noch anfallenden Organisationsarbeiten und Beratungen.

Durch unseren Einsatz konnten wir vielerlei erreichen.
Zunächst bewahrten wir einige Tiere vor dem Sterben. Ohne unsere Hilfe hätten sie den Winter nicht überleben können.
Unser allgemeines Wissen über den Igel wurde erweitert. Wir können nun viel besser abschätzen, was ihm in der Natur schadet, was ihm nützt und was der Mensch zu seiner Erhaltung beitragen kann.
Vielen Kindern, die vorher wegen der Sommerreisen kein Tier halten durften, konnte nun ein Herzenswunsch erfüllt werden; denn der Igel befindet sich nur während des Winters in häuslicher Pflege.
Das intensive Hinwenden und Hinhören auf ein interessantes und originelles Tier, das noch ein Stück wilder, unverbildeter Natur verkörpert, wurde für die Betreuer zu einem Erlebnis ganz besonderer Art.
Der Igel gewinnt von Jahr zu Jahr mehr Freunde. Viele möchten ihm helfen, wissen aber nicht wie und fürchten, etwas falsch zu machen. Auch ich hatte am Anfang Mißerfolge. Inzwischen habe ich gelernt, Igel reibungslos in häuslicher Pflege über den Winter zu bringen und auch mit schwierigen Fällen fertig zu werden. Ich möchte meine Kenntnisse weitergeben zum Nutzen des Igels und um anderen schmerzliche Anfangserlebnisse zu ersparen.
Deshalb habe ich Beobachtungen, Erfahrungen, auch aufgetretene Schwierigkeiten und deren Behebung gesammelt und hier aufgezeichnet.
Damit meine Ausführungen zum Nachschlagen benützt werden können, habe ich in den einzelnen Kapiteln Vollständigkeit angestrebt und Wiederholungen in Kauf genommen.
Es handelt sich um Erfahrungen, die an einem halben Hundert Igeln von verschiedenen Betreuern gemacht worden sind. Sie wurden für den Praktiker geschrieben.
Unter den Tierbetreuern befanden sich Schülerinnen und Schüler im Alter von 11 bis 13 Jahren und deren tüchtige Muttis, aber auch versierte Tierzüchter-Liebhaber und Gartenbesitzer aus den verschiedensten Berufen. Es war kein Tierarzt, kein Zoologe und kein Biologe dabei. Das war nicht Absicht, sondern Zufall.
Es handelt sich also um die Erfahrungen und Beobachtungen von Laien. Mir erscheint dies nicht als Manko. Wissenschaftler, Politiker und Vertreter von Behörden können Anregungen geben und die nötigen Gesetze erlassen. Der Erfolg einer Tier- und Landschaftspflege wird aber erst dann garantiert sein, wenn die gesamte Bevölkerung daran interessiert ist und mitwirkt. Wir haben auf einem begrenzten Gebiet einen bescheidenen Anfang gemacht.
Sofern ich zur Verdeutlichung auf wissenschaftliche Erkenntnisse zurückgreife, habe ich mich an GRZIMEK und LINDEMANN gehalten.

Claudia Bestajovsky

Kennen Sie den Igel?

„Aber natürlich! Er ist ein Säugetier und bringt zweimal im Jahr 7 bis 10 lebende Junge zur Welt. Er hat einen walzenförmigen Körper, eine mehr oder weniger spitz nach vorn gezogene Schnauze, vier kurze Beine, die Füße tragen 5 Zehen mit Krallen, die nicht eingezogen werden können. Er hat einen kurzen Schwanz. Der Rücken ist mit Stacheln bedeckt, Kopf und Bauch mit Haaren. Wenn Gefahr droht, kann er sich mit Hilfe eines stark ausgebildeten Muskels zu einer rundherum stacheligen Kugel zusammenrollen.
Seine Sinne sind gut entwickelt, der Geruchssinn führt.
Er ist ein Nachttier und frißt Insekten, Schnecken, junge Mäuse usw. Sein Gebiß besteht aus 36 Zähnen.
Er lebt als Einzelgänger auf Wiesen, in Wäldern und in Gärten. Er hält bei uns von Ende Oktober bis Ende März einen Winterschlaf."
Damit wissen Sie sehr viel von unserem Igel, und es ist mehr, als Sie normalerweise im Lexikon finden. Trotzdem wissen Sie nichts von seinem Wesen.

Bild 3. 250 g schweres Jungtier, in guter Verfassung, weil bereits im September in Pflege genommen.

Um dies nachzuholen, müssen Sie ihn beobachten, sich mit ihm beschäftigen. Haben Sie es mit mehreren Exemplaren zu tun, werden Sie bald feststellen, daß sich das eine vom anderen im Charakter deutlich unterscheidet. Jeder Igel ein Original, jeder Igel ein neues Erlebnis.

Seine Stimme

Er macht selten von ihr Gebrauch. Ich bekam zum erstenmal davon etwas zu hören, als meine Igel husteten. Der eine hustete mit hoher Stimme, der andere mit tiefer.
Der Igelsäugling setzt seine Stimme als Verständigungsmittel ein. Er ruft nach seiner Mutter. Das hört sich an wie ein lauter Vogelschrei, und ich hielt es auch längere Zeit dafür, bis ich eines Tages so einen kleinen Kerl auf der Hand hatte, als er loslegte. Er reckte die Nase nach oben, öffnete die Schnauze und schrie. Der kleine Körper wurde von dieser Anstrengung erschüttert. Ich habe

Bild 4. Gut ernährter Igel, entspannt. Nur etwa die Hälfte seines Körpers ist mit Stacheln bedeckt. Gesicht und Bauchseite sind behaart.

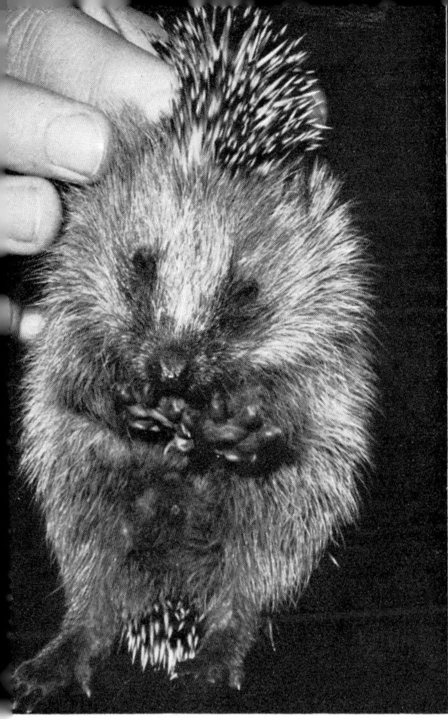

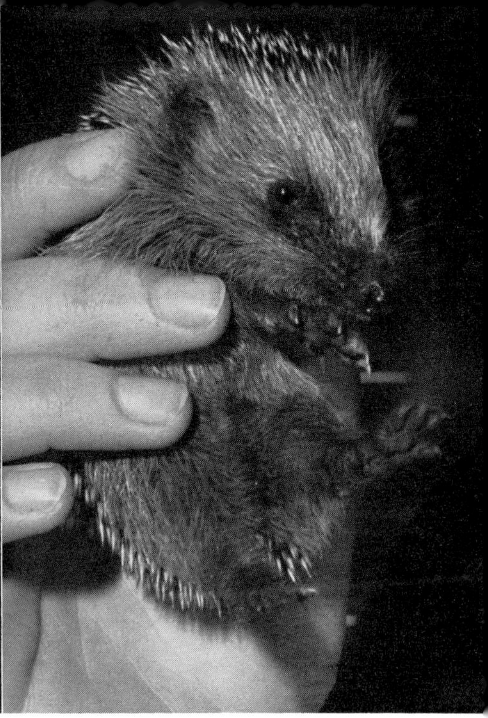

Bild 5 (oben links). Igelsäugling, 90 g schwer. Er kann sich noch nicht zusammenrollen, übt sich aber fleißig darin.
Bild 6 (oben rechts). Igelsäuglinge sind von der ersten Minute an vertrauensselig.

aber nie die Mutter antworten hören, auch dann nicht, wenn sie sich im selben Raum befand.

Einmal wurde ich in der Nacht von den lauten Schreien eines Igels geweckt, es waren Klagelaute. Ich hatte den Igel erst Ende Dezember hereingenommen, und er hatte schon eine Runde Winterschlaf hinter sich. Es war seine erste Nacht im Haus und im Karton. Nachdem er das Schälchen leergefressen hatte, wurde sein erster Stuhlgang fällig, und das muß eine schmerzhafte Prozedur gewesen sein. Man sah es dem Produkt auch an: Ein Häufchen schwarzer „Steine".

Ein einziges Mal habe ich einen Igel Laute formen hören. Das klang etwa so: „Niam, niam!" Hier die näheren Umstände. Das Tier war todkrank, als es mir übergeben wurde. Weil es jede Nahrungsaufnahme verweigerte, fütterte ich es alle 2 Stunden mit Hilfe einer kleinen Plastikspritze. Dadurch hatte ich oft mit ihm zu tun, und es entwickelte sich ein besonderes Vertrauensverhältnis. Während der Fütterung lag der Igel mit dem Rücken auf meinem Handteller. Den Bauch zeigte er frei her. Zum Zusammenrollen hatte er am Anfang keine Kraft,

und später, als es ihm besserging, hielt er es nicht mehr für nötig. Eines Tages hatte ich ihn wieder in der geschilderten Stellung vor mir und sprach beruhigend auf ihn ein. Es war mir auch schon früher aufgefallen, daß er meiner Stimme besondere Aufmerksamkeit schenkte. Er pflegte mich ganz konzentriert anzusehen, wenn ich sprach. Und dieses eine Mal, ich hatte meinen Sing-Sang gerade beendet, antwortete er mit sehr heller Stimme: „Niam, Niam!" Später versuchte ich es öfters vergebens, ihn zu einer Wiederholung anzuregen, indem ich die gleiche Situation und Stimmung herbeiführte.
Wenn man zahme Igel länger streichelt und dabei spricht, bemühen sich die meisten mitzusprechen. Sie stoßen leise, kurze, vokallose Laute im Rhythmus des Atmens aus. Besonders deutlich hört man das, wenn der Kopf des Tieres auf unserer Schulter liegt. Hören wir auf zu sprechen, so verstummt auch der Igel.

Reaktion auf die Stimme des Menschen

Aus dem Gesagten geht hervor, daß der Igel sehr auf die Stimme des Menschen anspricht, besonders auf die seines Betreuers. Sie bedeutet für ihn Nahrung, Geborgenheit, Schutz, Beruhigung. Er unterscheidet die Stimme seines Betreuers von den Stimmen anderer Menschen.
Wenn einer meiner kleinen Igel über das Zimmer zu seinem Lieblingsschlupfloch rannte und ich ihn anrief, so bremste er ab und kam zu mir gelaufen. Er umrundete so lange meine Schuhe, bis ich ihn auf den Schoß hob.
Ein besonders nettes Verhältnis entwickelte sich zwischen mir und einem erwachsenen Igel, den ich für den Winterschlaf in der Natur auffütterte. Er durfte jeden Abend im dunklen Vorhaus laufen, und das gefiel ihm auch. Aber sowie er meine Stimme in einem Nebenraum hörte, kam er an die Tür und kratzte. Wurde ihm geöffnet, so kam er ins Zimmer, nahm Helligkeit und glatten Fußboden in Kauf, um zu mir zu gelangen. Derselbe Igel lief in meine ausgebreiteten Hände, wenn ich ihn anrief. Nur meine ich nicht, daß sich der Igel seinen Namen merkt, es ist die Stimmlage, die Wort- und Satzmelodie, die ihm vertraut werden.
Viele Igel reagieren auch noch eine Zeitlang nach ihrer Freilassung auf die gewohnten Lockrufe, die wir bei der Fütterung eingesetzt haben.

Unmutsäußerungen

Mit diesen macht man vor allem am Anfang Bekanntschaft, wenn das Tier noch nicht eingewöhnt ist.
Manchmal passiert es mir, daß ich im Herbst einen kleinen Igel finde, der

Bild 7. Zahme Igel legen die Stacheln an und lassen sich streicheln: Keine Spur von der Stachelkugel. Wie er sich breit macht, um der Hand recht viel Fläche darzubieten!

noch in ausgezeichneter Verfassung ist, dem seine Freiheit gefällt und der sehr viel dagegen hat, eingefangen zu werden. Er führt mir sein Repertoire an Abwehrmöglichkeiten vor. Zuerst springt er wie ein Gummiball hin und her, dann geht er in Angriffsstellung über. Das sieht so aus: Er nimmt den Kopf nach unten, schiebt die Schultern mit den straff aufgestellten Stacheln nach vorn und vollführt stoßende Bewegungen in meine Richtung. Oft fängt er auch an zu zischen. Keine Schlange kann das so laut und so lange wie ein Igel. Er zischt beim Ein- und Ausatmen und muß beim Wechsel nicht unterbrechen. Aber er wird still, sowie ich ihn als stachelige Kugel vom Boden abhebe. Ich halte dann ein verängstigtes kleines Kerlchen auf der Hand, das auch am Arm willig sitzen bleibt und sich nach Hause tragen läßt. Nach einer Weile kommt sogar die schwarze Nase heraus und schnuppert neugierig in die Gegend. Nur das Tragen in einer Tasche, die hin- und herpendelt, gefällt Igeln gar nicht. Sie stellen sich auf die Hinterbeine und versuchen aus ihr zu entkommen.

Manche Igel bekommen in der ersten Nacht in ihrem Karton einen Gefängniskoller. Erst versuchen sie den Karton durchzubeißen, um auszubrechen; gelingt das nicht, fangen sie an zu „klopfen". Wie sie diese Geräusche erzeugen, kann

Bild 8. Die meisten Igel hält es auch in Rückenlage nicht lange in ihrer Kugel. Dazu sind sie viel zu neugierig!

ich nicht sagen, noch nie hat mich ein Igel zusehen lassen. Auf alle Fälle sind seine Atmungsorgane daran beteiligt. Manche Tiere klopfen so laut, daß es sich anhört, als ob jemand mit einem Hammer auf eine Metallplatte schlüge. Das Ganze vollzieht sich im Rhythmus heftigen Atmens.

Wenn ein Tier so verstört, traurig oder verzweifelt ist, daß es klopft, pflege ich in der Nacht aufzustehen und mich eine halbe Stunde mit ihm zu beschäftigen. Ich nehme es auf meinen Schoß, streichle es und spreche mit ihm. Es läßt

sich bald beruhigen und legt die Stacheln an; erst die am Hinterleib, dann die übrigen, zum Schluß darf ich ihm den Stachelwulst aus der Stirn schieben.
Bei den spät hereingenommenen Igeln verläuft die Eingewöhnung meist ohne Unmutsäußerungen: Sie aalen sich mit Behagen in ihrem Karton, genießen die reichliche Nahrung und das trockene, warme Quartier, eingedenk ihrer harten Erlebnisse in der Freiheit. Es ist mir schon einige Male passiert, daß ich ein Tier nur für den Winterschlaf in der Natur auffüttern wollte und versuchte, es Ende November oder Anfang Dezember auszusetzen. Ich trug es in sein Revier und setzte es dort auf den Boden. Es lehnte sich an meine Schuhe an und wollte und wollte nicht fortlaufen.
Es gibt auch zahme Igel, die beißen. Manche beißen nur jene Menschen, die ihnen nicht vertraut sind, einige aber auch die Hand, die sie füttert. Darunter gibt es solche, die sich in einen Finger festbeißen und auch nicht loslassen, wenn man sie am Finger hochhebt. Dennoch habe ich niemals blutende Igelbißwunden erlebt oder davon gehört. In der Regel hinterlassen die Bisse überhaupt keine Spuren.
Mit der Beißgewohnheit fängt es meist harmlos an. Der Igel will in ein Schlupfloch, aus dem ich ihn nur schwer herausbekommen kann. Deshalb halte ich die Hand vor, um ihn daran zu hindern. Er beißt mich in die Hand, und ich ziehe sie zurück. Der Igel hat seinen Willen und verschwindet in seinem Versteck. Oder — die ganze Seligkeit für einen meiner Igel war seine allabendliche Laufzeit. Er kannte die Uhr und saß schon in Positur, wenn ich ihn abholen kam, um ihn in einen Kellerraum zu tragen. Aber die ganze Prozedur ging ihm zu langsam, er wollte sofort laufen, meine Hand aber hinderte ihn daran. Also biß er hinein. Ich ließ ihn los — und er konnte laufen. Daß er dabei zunächst hinunterfiel, machte ihm nichts aus.
Weil der Igel stets seinen Willen erhält, wenn er beißt, läßt er meist diese Angewohnheit nicht mehr, wenn er einmal damit angefangen hat. Es gibt allerdings auch Igel, die überhaupt nicht beißen.

Gutes Orientierungsvermögen

Es ist erstaunlich, mit welcher Systematik sich ein Igel einen Raum erobert. Hier ein Beispiel. Ich setze einen Igel mitten in ein Zimmer, das ihm nicht bekannt ist. Er läuft in eine Ecke und steckt den Kopf hinein. Erscheint ihm die Situation ungefährlich, beginnt er mit seiner Erkundung. Er geht heftig schnuppernd ein Stück der Wand entlang und wieder zurück zum Ausgangspunkt. Er läuft die gleiche Strecke wie vorher noch einmal, aber diesmal geht er ein Stück weiter und kehrt wieder zurück zu seinem Eck. Nach diesem System verfährt er so lange, bis ihm das gesamte Zimmer vertraut ist.

Interessant ist dabei etwas: Er scheint genau zu wissen, ob die Wand massiv oder ob dahinter ein Hohlraum ist. An der massiven Wand hält er sich nicht lange auf, aber Wandschränke z. B. werden eifrig untersucht, und immer wieder wird ausprobiert, ob man nicht bei dieser oder jener Leiste die Nase durchbohren könnte. Kennt ein Igel einen Raum gut, so überquert er ihn in unwahrscheinlichem Tempo kreuz und quer, kriecht einmal in dieses und einmal in jenes Schlupfloch.

Wenn er erschrickt,

zuckt er zusammen. Dabei handelt es sich meist um ein Geräusch. Wiederholt sich der Laut einige Male hintereinander, so pflegen sich Igel ruckweise von Mal zu Mal mehr zusammenzurollen, bis sie als Kugel daliegen. Sie gewöhnen sich aber auch mit der Zeit an bestimmte Geräusche. In dem Raum, in dem kleine Igel unter meiner Assistenz Mehlwürmer verzehren, hängt eine Uhr mit einem Spielwerk. Setzt die Melodie ein, so laufen sie die ersten Male kopflos

Bild 9. Muttertier mit Jungen. Nach drei Wochen häuslicher Pflege sind die Größenunterschiede der Igelkinder ausgeglichen.

Bild 10. Eine Handvoll Igel. In dieser Stellung saugt das Junge.

davon. Besteht bereits ein Vertrauensverhältnis, so kommen sie zu mir und wollen beschützt werden. Später hören sie auf zu fressen, bleiben aber vor dem Napf sitzen, stellen nur die Stacheln auf und ziehen den Stirnwulst vor, und schließlich fressen sie nach einmaligem Zucken ruhig weiter.

Der Igel kann mitunter so sehr erschrecken, daß er die Blase oder auch Darm und Blase entleert. Einer meiner Igel kollerte einmal, sich etliche Male überschlagend, die ganze Treppe hinunter. Unterwegs hatte er bereits sein Wasser verloren, und als ich ihn aufhob, um ihn zu beruhigen, legte er mir noch schnell seine Würstchen in die Hand. Ich habe aber noch nie einen Igel vor Schreck schreien hören.

Er spuckt sich selbst an

Von besorgten Eltern kamen schon Anrufe: „Unserem Igel hängt Schaum um die Schnauze. Kann er die Tollwut haben?" Nach Professor Grzimek ist bis jetzt bei Igeln noch kein Fall von Tollwut bekanntgeworden. Auch bei den obengenannten Fällen handelte es sich um eine typische Eigenart der Igel: Sie spucken sich selbst an.

Bild 11. Kalbfleisch schmeckt wunderbar . . .

Dies wird ausgelöst von einem starken Geruchserlebnis, in das sich das Tier immer mehr hineinsteigert. Es beschnuppert den Gegenstand, leckt ihn ab und entwickelt schließlich schaumartigen Speichel, den es sich seitlich in die Stacheln spuckt. Einer meiner besonders dicken und deshalb körperlich ungeschickten Igel spuckte sich auch einmal seinen Bauch voll. Er hatte sich in seinem Geruchsrausch mit den Vorderpfoten an der Wand aufgerichtet und war auf den Rücken gefallen.
In dieser ungewohnten Lage reagierte er dann auch anders als sonst. Das Selbstbespucken läuft bewegungsmäßig immer nach dem gleichen Schema ab, wie vom Computer vorprogrammiert.
Als Reizobjekte kommen verschiedene Dinge in Frage, z. B. die Lederseite eines Felles, Wildlederschuhe, unser Schuhputzkasten, ein bestimmter Wandverputz usw. In einem speziellen Falle habe ich mich gefragt, ob auch die Farbe eine Rolle spielen kann. Wir haben drei Kissen aus demselben Material, aber von verschiedener Farbe. Auf das blaue Kissen sind die Igel ganz versessen. Wenn ich es vor ihnen nicht schnell in Sicherheit bringe, schlecken sie es ab. Das rote und gelbe beachten sie gar nicht.

Bild 12. . . . aber Mehlwürmer sind noch viel besser. Wenn ich nur wüßte, wie ich zu ihnen kommen könnte.

Manchmal spucken sich die Igel auch eingespeichelte Brocken ihres Futters in die Stacheln. Sie riechen dann mit der Zeit sauer und müssen gebadet werden.

Darf man in die Natur eingreifen?

Wenn ich mich bemühte, Igel über den Winter in Familien unterzubringen, fand ich überall offene Türen und offene Herzen. Aber einmal wurde der Einwand gemacht: Man darf nicht in die Natur eingreifen!
In einer Zeit, in der wir uns der Umweltverschmutzung, die das Werk von uns Menschen ist, so sehr bewußt sind, dürfte dieser Einwand keinen Kommentar benötigen. Für den Fall, daß aber noch andere dieser Meinung sind, will ich mich doch daran versuchen.
Ich fange mit meiner kleinen Welt an. Als ich noch in die Volksschule ging, begann hinter unserem Haus die Natur. Baumwiesen, Sträucherkulturen, Wochenendgärten. Heute, einige Jahre später, ist unsere Straße beidseitig bebaut, unter uns eine neue Straße angefangen, und vom Tal, den Hang herauf,

klettern immer neue Häuser. Der Lebensraum der Tiere, die vorher in dieser Landschaft gelebt haben, wurde immer mehr eingeengt. Manche sind trotzdem geblieben, darunter der reviertreue Igel.
Gewiß, Igel sind in unseren Gärten gern gesehene Gäste, wissen wir doch, daß sie sehr nützlich sind. Aber wer zerbricht sich schon den Kopf, welche Lebensbedingungen sie bei uns vorfinden?
Die Schnecken, die ein Teil ihrer Nahrung sind, vernichten wir mit Schneckentod und vergiften damit oft genug auch die Igel. Unsere Obstbäume werden einige Male im Jahr gespritzt, unter den Spritzmitteln befinden sich starke Gifte, die zum Teil auf den Boden fallen und auch die Insekten vernichten, die den Igeln als Nahrung dienen.
Unsere glatten, überordentlichen Gärten ohne Hecken und niedriges Strauchwerk bieten ihnen weder Unterschlupf noch Winterquartier.
Und nehmen wir die große Welt. Unser Land ist kreuz und quer von Straßen zerschnitten, auf denen Nacht für Nacht viele Igel von Autos totgefahren werden. Es soll sogar Menschen geben, die das mit voller Absicht tun. In GRZIMEKS Tierleben fand ich Zahlenangaben. Auf den Straßen Dänemarks wurden ein Jahr über systematische Zählungen durchgeführt: Auf 1000 km Straßenlänge wurden 9345 Igel überfahren.
Der Igel hat es seiner großen Anpassungsfähigkeit zu verdanken, von der wir auch während seiner Betreuung im Haus ein überzeugendes Beispiel erleben, daß er vom Tertiär bis auf den heutigen Tag überleben konnte. Mitunter wird allerdings die Befürchtung laut, daß wir dabei sind, ihn mit unserer Zivilisation auszurotten.
Ich meine: Greifen wir zum Schaden des Igels immerfort in die Natur ein, sollten wir uns nicht scheuen, es auch zu seinem Nutzen zu tun. Wir sind ihm einiges an Wiedergutmachung schuldig.
Der Igel steht unter Naturschutz. Es ist verboten, ihn zu fangen, zu töten, zu erwerben oder zu verkaufen. Gestattet ist es aber, ihn über den Winter in häusliche Pflege zu nehmen, freilich ohne ihn dadurch zum Haustier zu machen.

Der Igel braucht Hilfe

Warum?

Der Igel ist ein Insektenfresser. Deshalb findet er in der kalten Jahreszeit wenig Nahrung. Er überbrückt den Winter durch einen Winterschlaf. Auf ihn bereitet er sich vor, indem er im Herbst auf Vorrat frißt. Zu leichte Tiere verhungern im Winter.

Bilder 13 und 14. Völlig abgemagertes Jungtier (oben). Nach vier Tagen häuslicher Betreuung beginnt sich sein Körper zu runden (unten).

Wenn ich unsere Natur beobachte, erscheint mir wohl manches sehr hart, im ganzen jedoch vernünftig und folgerichtig. Daß aber der Igel im September noch einmal Junge bekommt, mutet sinnlos und kraftvergeudend an. Die Tiere werden geboren, um zu sterben, denn sie können bis zum Kälteeinbruch nicht mehr das erforderliche Gewicht aufholen. Nicht nur das. Durch die späte Mutterschaft sind auch die Weibchen gefährdet. Sie verausgaben sich bei der Aufzucht ihrer Kinder, statt sich für den Winter vorzubereiten. Je trockener und kälter der Herbst, desto größer die Not der Tiere, denn sie finden dann keine Schnecken und Würmer.
Diese Fehlprogrammierung kann jeder aufmerksame Beobachter im Herbst in der Natur feststellen. Wenn die Männchen bereits mit Speckrücken umherlaufen, kann man völlig abgemagerte Weibchen finden, begleitet von heruntergekommenen Jungen, an denen schon die Maden fressen.
Manchmal finde ich im November ein schlafendes Muttertier, auf dem einige Igelkinder ratlos herumkriechen. Ob sie wohl später von der Mutter gefressen werden?
Viele Jungtiere laufen auch davon und versuchen im Alleingang etwas Freßbares aufzustöbern.

Welche Tiere?

Unsere Hilfe brauchen vor allem die Jungtiere. In der Regel werden wir sie den ganzen Winter über im Haus betreuen.
Am besten läßt sich ihre Hilf- und Ratlosigkeit daran erkennen, daß diese sonst so scheuen und selbständigen Tiere zu uns Menschen kommen und sich ohne Abwehräußerungen aufnehmen lassen. Leider sind gerade die, die vor unserer Haustür oder in unserer Garage sitzen, meist besonders geschwächt, und man bringt sie, wenn überhaupt, nur mit großer Mühe durch.
Besser sind die Aussichten, wenn man die Jungen bereits im Oktober hereinnimmt. Sie sind in dieser Zeit noch frisch und normal entwickelt.
Die unterernährten erwachsenen Igel, es wird sich hauptsächlich um Weibchen handeln, benötigen in der Regel nur eine vorübergehende Hilfestellung, bis sie auf ein gutes Gewicht gekommen sind. Ich pflege sie auf mindestens 850 g hochzufüttern. Weil Igel meist gute Fresser sind, genügen dafür, je nach dem Ausgangsgewicht, 2 bis 3 Wochen.
Findet man eine ganze Familie, so wird man natürlich die Jungen und das Muttertier hereinnehmen. Die Mutter hat vielleicht noch Milch oder bekommt wieder Milch, wenn man sie gut füttert. Die Aufzucht der Jungen wird dadurch um vieles einfacher.
Wenn die Mutter abgestillt hat und aufgefüttert worden ist, bringt man sie an einem warmen Tag zurück in ihr Revier zum Winterschlaf.

Bild 15. Die Beschaffenheit von Stacheln und Haaren gibt Aufschluß über die Ernährungslage eines Igels. Tiere, die z. B. kein Frischfleisch erhalten, neigen zu Haar- und Stachelausfall. Manche Igel machen allerdings auch während der häuslichen Betreuung einen Stachelwechsel durch. Das hat nichts mit falscher Ernährung zu tun.

„Wie finden Sie einen Igel?"

Diese Frage wurde mir schon oft gestellt. Sie ist kurz so beantwortet: Mit dem Ohr, selten mit dem Auge.

Man findet sie in der Regel in der Nacht und am leichtesten im Herbst. Die Vorbereitung auf den Winterschlaf macht sie unruhig und unvorsichtig.

Wenn Igel durch das Gelände streifen, verursachen sie ein unrhythmisches, anhaltendes Rascheln, das man am deutlichsten hört, wenn das Laub trocken ist. Sie bevorzugen auch bestimmte Wege. Sie gehen gern an etwas entlang, den Schatten als Tarnung benützend, an einer Mauer, einem Gartenzaun. Sie laufen auch mit Vorliebe ausgetrocknete Wassergräben aus, überqueren aber auch Wiesen und Straßen, was für sie so oft zum Verhängnis wird.

Manche Tierliebhaber möchten gern ihren Igel selbst finden. Ich nehme sie dann mit zum Igelsuchen. Bei meinen Bemühungen, es Igelfreunden beizubringen, wie man die Geräusche, die der Igel macht, von anderen unterschei-

det, habe ich mich aber als schlechte Lehrmeisterin erwiesen. Meine Begleiter hörten nie das, was ich hörte. Ich hatte immer bereits den Igel in der Hand, bevor sie bemerkt hatten, daß sich einer in unserer Nähe befindet.
Aber vielleicht haben Sie einen Hund? Er kann das Suchen für Sie übernehmen. Ein Polizeihund hat im letzten Spätherbst schon etliche kleine Igel gefunden.
Wenn ein Igel am Tag umherläuft, so ist dafür meist ein besonderer Grund vorhanden. Er ist krank oder hat eine Verletzung. Ich fand einmal einen mit einer Wunde am Rücken. Die Fliegen umkreisten ihn ständig und wollten ihre Eier in der Wunde ablegen. Zwei mir bekannte Igel benahmen sich völlig verwirrt, weil nicht weit von ihrem Quartier ein Baum gefällt worden war. Sie machten am hellen Tag einen Spaziergang. Vor allem laufen im Herbst hungrige Jungtiere am Tag umher.

Wie ich einen Igel säubere

Ungeziefer

Igel werden von vielerlei äußeren Schmarotzern geplagt. Zuerst fallen die Flöhe auf. Wenn man einen Igel in der Hand oder auf dem Arm nach Hause trägt, bekommt man sie zu spüren. Sie verursachen auch beim Menschen stark juckende Einstiche. Trotzdem bleibt kein Igelfloh auf dem Menschen. Unser Blut scheint ihnen nicht zu bekommen.
Während sich die Flöhe zwischen den Stacheln aufhalten, ist das Fell der Bauchseite meist von Milben befallen.
Gegen Flöhe und Milben kann man ein Tierspray einsetzen. Tierhandlungen bieten verschiedene Fabrikate an. Man verfährt dabei am besten so: Erst wird der Bauch eingesprüht. Der Igel erschrickt und rollt sich ein. Dadurch sind Augen, Ohren und Nase geschützt, und man kann nun den Rücken einsprühen. Flöhe und Milben bewegen sich unkoordiniert und fallen ab. Bitte, verwenden Sie in keinem Fall DDT!
Die geschilderte Methode ist nicht bei Igelsäuglingen anwendbar. Sie können sich noch nicht zusammenrollen und sind viel zu klein, um mit einem Sprühstrahl behandelt zu werden. Bei ihnen wendet man bei jeder Art von Ungeziefer mechanische Mittel an. Also abbürsten, mit Wasser abschwenken, mit der Pinzette abklauben usw.
Das zäheste Ungeziefer der Igel sind die Zecken. Zuerst will ich beschreiben, wie sie aussehen, denn sie werden oft mit Geschwüren verwechselt. Was wir von ihnen sehen, sind perlmuttfarbene Bläschen von verschiedener Größe und

Form. Sie passen sich jeweils dem Raum an, der ihnen zur Verfügung steht. Manchmal liegen sie wie runde Perlen am Grunde der Stacheln oder kleben in länglicher Form an einem Stachel. Sie können an jeder Stelle des Körpers sitzen, auch im Fell, wandern aber meist im Herbst an den Kopf, hauptsächlich in die Ohrbereiche. Oft hängen sie zu zweit und zu viert wie ein Perlengeschmeide direkt an der Ohrmuschel. Was wir nicht sehen, ist der Kopf, den die Zecke in die Haut des Wirtes gebohrt hat.

Es gibt Igel, die keine Zecken haben, die wenige haben und solche, die eine ganze Zucht in allen Größen mit sich herumschleppen. Letztere sind meist in einem bejammernswerten Zustand, und wenn man so ein Tier findet, sollte man es auf alle Fälle mit nach Hause nehmen und von seiner Plage befreien. Man kann sich verschiedener Methoden bedienen.

Wenn die Zecken nicht am Kopf sitzen, kann man Tierspray nehmen, muß aber darauf achten, daß sie direkt vom Strahl getroffen werden. Oft muß man sie am nächsten Tag noch einmal einsprühen, um eine Wirkung zu erzielen. Sie verfärben sich dann und fallen nach einigen Tagen als braune Schalen ab. Die Zecken am Kopf pinselt man am besten mit Öl ein, und das kann durchaus ein übliches Speiseöl sein. Die Zecke läßt los, und man muß sie einfangen. Wenn sie entwischt, findet man sie nach einigen Tagen an einer anderen Stelle wieder vor, und die Prozedur muß von vorn beginnen. Auch vollgesogene Zecken lassen los. Findet man sie, so muß man sie vernichten, weil sie sich sonst paaren und – das aber nur bei sehr unhygienischen Verhältnissen – im Igelhaus vermehren können.

Eine sehr robuste Methode ist es, die Zecken mit einer Pinzette herauszuziehen. Man riskiert dabei eine Eiterung, weil man möglicherweise ihren Kopf abreißt.

Auf manchen Igeln findet man auch Fliegeneier; sie kleben meist ganz fest an der Haut. Bevorzugt wird die Afterregion.

Die Eier kommen nach dem Absprühen nicht mehr zur Entwicklung und fallen eines Tages ab.

Besonders heruntergekommene Jungtiere, vor allem Säuglinge, können bereits von Maden befallen sein. Man findet sie vor allem in den Beinbeugen, manchmal auch am ganzen Körper, wo sie womöglich Wunden verursacht haben. In diesen Fällen setzt man kein Spray ein, sondern klaubt die Maden mit der Pinzette herunter und betupft die wunden Stellen mit einem Desinfektionsmittel. Die Wunden pflegen schnell abzuheilen. Wenn die Maden aber schon im Ohr ihr Zerstörungswerk begonnen haben, ist der Igel verloren.

Der Tierspray überzieht Stacheln und Haare für einige Zeit mit einem Schutzfilm gegen Ungeziefer, den man zerstört, wenn man das Tier abbraust oder badet.

Besonders verschmutzte Tiere muß man aber baden. Igel verhalten sich dabei unterschiedlich. Besonders die unterkühlten genießen das warme Wasser, trinken auch manchmal davon. Andere wieder machen jede Anstrengung, um aus der Badewanne herauszukommen. Natürlich muß man das Tier hinterher abtrocknen (mit Warmluft) und warm halten, damit es sich nicht erkältet.

Innere Schmarotzer

Am spürbarsten für den Betreuer können Haarwürmer (Capillarien) und Lungenwürmer werden.
Haarwürmer sind im allgemeinen Schmarotzer des Darmes und können daher Durchfall auslösen. Sie können direkt, also ohne Zwischenwirt, übertragen werden. Folglich kann sich der Igel an seinem eigenen Kot infizieren. Deshalb Sauberkeit im Igelhaus!
Lungenwürmer sind Schmarotzer der Lunge und der Atmungswege. Sie rufen Hustenanfälle hervor. Ihre Übertragung erfolgt über Schnecken, die die Aufgabe des Zwischenwirtes übernehmen.
Zur Beruhigung des Igelpflegers: Weder Haar- noch Lungenwürmer können auf den Menschen übertragen werden. Auch Haustiere sind nicht gefährdet.
Im allgemeinen kann man davon ausgehen, daß *alle* in der freien Wildbahn lebenden Igel von diesen beiden Schmarotzern befallen sind. Sie leben mit ihren Würmern, und es ist möglich, diese während der winterlichen Igelpflege zu ignorieren, die Tiere gedeihen meistens trotzdem.
Wer genau wissen will, ob sein Igel befallen ist, kann durch eine Kotuntersuchung Klarheit gewinnen. Zu diesem Zweck schicke man eine Kotprobe seines Igels an ein Staatliches Tierärztliches Untersuchungsamt oder an das Parasitologische Institut einer tierärztlichen Ausbildungsanstalt. Die Untersuchung wird für wenige Mark durchgeführt. Nur dann, wenn es sich um eine frische Infektion handelt, kann die Kotprobe negativ ausfallen, obwohl bereits ein Befall besteht und auch Symptome vorhanden sind. Ich selbst habe einmal den Kot eines hustenden Igels eingeschickt und den Bescheid erhalten, daß sich keine Lungenwurmlarven im Kot befänden. Als ich aber einige Wochen später die Untersuchung wiederholen ließ, waren Larven im Kot nachzuweisen.
Wenn Sie Ihren Igel von seinen Schmarotzern befreien wollen, wenden Sie sich an einen Tierarzt. Wurmkuren sind ungefährlich und führen sicher zum Erfolg.

Bild 16 (rechts). Ein Medikament wird eingeflößt. Plastikspritzen wie diese, zur Verabreichung von Medikamenten und zur Abfütterung freßunwilliger Tiere, sind nicht nur beim Tierarzt erhältlich. Im Abfalleimer Ihres Hausarztes finden Sie gebrauchte Injektionsspritzen (auswaschen, Nadel abbrechen).

Gegen fast alle inneren Schmarotzer (Lungenwürmer, Lungenhaarwürmer, Darmhaarwürmer, Darmsaugwürmer) wirksam ist Mebendazol, welches Sie unter den Namen Telmin KH und Mebenvet über Ihren Tierarzt erhalten. Da praktisch alle Igel, auch die gesund erscheinenden, Lungenwurmträger sind, empfiehlt es sich, grundsätzlich bei jedem Igel eine fünftägige Mebendazol-Kur durchzuführen. Igel bis 500 g brauchen täglich ½ Tablette Telmin KH bzw. 1 g 5%iges Mebenvet, Igel über 500 g 1 Tabl. Telmin KH bzw. 2 g 5%iges Mebenvet. Man verabreicht zunächst das Medikament in einem kleinen Teil des gewohnten Futters verrührt, anschließend wird die restliche Futtermenge gegeben. Eine Stuhlkontrolle ist frühestens drei Wochen nach Therapieende sinnvoll. Häufig zeigt sich dann die Notwendigkeit einer zweiten Kur. Da Mebendazol keine schädlichen Auswirkungen auf den Igel hat, kann man auch ohne Zwischenkontrolle drei Wochen nach der ersten Kur routinemäßig die zweite anschließen. Näheres zu diesem Thema finden Sie im „Igel-Brevier“, welches Sie gegen eine kleine Spende beim Tierschutzverein erhalten.

Seine Ernährung

Die landläufige Ansicht über Igelernährung lautet: In freier Wildbahn jagen sie Insekten, und in der Nähe des Menschen tun sie sich an Milch mit Weißbrotbrocken gütlich. Ich möchte zwar niemanden davon abhalten, einem freilebenden, wohlgenährten, gesunden Igel eine Schüssel Milch in den Garten zu stellen; er wird sie ohne Verdauungsstörungen verkraften. Grundsätzlich warnen muß ich jedoch davor, einem halbverhungerten Pflegefall unverdünnte Milch anzubieten — er wird mit Durchfall reagieren. Grundsätzlich gilt: Je schlechter der Ernährungszustand des Tieres, je ausgeprägter der Schmarotzerbefall, desto vorsichtiger sei man mit Milch. Will man auf Nummer sicher gehen, verzichtet man ganz darauf. Dann ist die Wahrscheinlichkeit geringer, daß der gesunde Igelkot, der aus schwarzen Würstchen oder allenfalls braunen Häufchen besteht, in breiigen oder suppigen braunen Durchfallstuhl oder gar in grünen Schleim oder grünes Wasser umschlägt.

Der Igel-Säugling ohne Mutter

Es liegt in der Natur der Sache, daß ich mit Gewichten, aber nicht mit Altersangaben arbeite. Wenn ich einen Igel finde, ist mir sein Alter nicht bekannt.

Ich kann ihn aber auf die Waage setzen und sein Gewicht feststellen. Meine Leser werden sich in der Regel in der gleichen Lage befinden.
Auf Grund vieler Beobachtungen möchte ich die Grenze für einen Säugling auf 130 g festsetzen. Natürlich saugt ein Igel auch noch mit 150 oder 200 g, wenn er Zugang zur Muttermilch hat, oder wenn der Betreuer ihm das inzwischen gewohnte Fläschchen reicht. Aber er kann ab 130 g auch gut ohne Milch und nur mit fester Nahrung durchkommen. Man kann den Igelsäugling mit verdünnter abgekochter Milch ernähren, oder besser, mit Fertigmilch-Nahrung für menschliche Babys, in der nach Vorschrift gemixten Weise. Eine Igelbetreuerin meldete besondere Erfolge mit Honigmilch von Milupa.
Bei der Fütterung legt man den Igel auf den Rücken in den linken Handteller. Er holt sich auch auf dem Rücken liegend die Muttermilch. Nun versucht man, mit der rechten Hand den Schnuller der gefüllten Puppenflasche seitlich in die Schnauze zu schieben. Das ist nur beim erstenmal mühevoll. Bei jedem weiteren Male schnappt der Igel nach dem Schnuller, und die Abfütterung nimmt immer weniger Zeit in Anspruch. Das Igelbaby muß alle zwei Stunden abgefüttert werden, wenn es noch sehr klein ist, durch Tag und Nacht.
Wiegt der Igel 80 g, so sollte man eine Zusatz- und Übergangsnahrung anbieten. Dafür eignet sich mit verdünnter Milch gekochter Grießbrei, aber auch Baby-Fertignahrung, die von verschiedenen Firmen in pürierter Form angeboten wird. Ich hatte gute Erfahrung mit Kalbfleisch, Kalbsleber und Huhn.
Die Betreuung wird um vieles einfacher, wenn der Igel schließlich Breikost aufnimmt. Man kann dann am Tage und in der Nacht ein gefülltes Schälchen in den Stall stellen und die Einteilung der Nahrung ihm überlassen.
Hatte ich einen Igel soweit, daß er aus dem Schälchen fraß, so schob ich ihm jedesmal auch einen Brocken rohen Fleisches unter den Brei. Erst warf er den Brocken heraus, eines Tages war er aber unauffindbar, war also gefressen worden. Von da an reichte ich halb Brei und halb feste Nahrung, und zwar Kalbfleisch.
Die einzelnen Tiere verhalten sich unterschiedlich. Aber mit 130 g kann ein normal entwickelter Igel das Fleisch zerkauen. Daß er das erlernt, ist wichtig.

Der Igel-Säugling mit Mutter

Viele holen eine Igelfamilie, Mutter und Junge, ins Haus. In diesen Fällen verläuft die Aufzucht reibungslos. Man füttert die Mutter gut, damit die Milch reichlich fließt. Auch der Übergang von flüssiger auf feste Nahrung macht keine Schwierigkeiten.
Es erstaunt immer wieder, wie unterschiedlich die einzelnen Tiere eines Wurfes

entwickelt sind. In häuslicher Pflege kann man das schnell ausgleichen, indem man die schwächsten Tiere zusätzlich füttert.
In diesem Falle sollte man sich auch der Verantwortung bewußt sein, die man für das Muttertier übernommen hat. Nachdem es abgestillt hat, sollte man es noch eine Weile aufffüttern, damit man es mit einem guten Gewicht zum Winterschlaf in sein gewohntes Revier zurücktragen kann. Das ist da, wo man es gefunden hat.

Der heranwachsende und erwachsene Igel

Er wird als Nachttier in der Regel nur in der Nacht gefüttert. Seine Ernährung wurde in verschiedener Weise erfolgreich praktiziert. Ich nenne hier einige Programme.
1. Mehlwürmer und verdünnte Milch
kommen der natürlichen Ernährung am nächsten und haben den Vorteil, daß

Bild 17. Das Selbstbespucken. Hier hat ein Igel eine Tasche aus Leder entdeckt. Erst beschnuppert er sie lebhaft mit pfeifendem Ton, dann schleckt er sie ab . . .

Bild 18. . . . und beißt hinein. Im weiteren Verlauf seines Geruchserlebnisses spuckt er sich seitlich in die Stacheln. Das Selbstbespucken hängt mit der Gesamtkonstitution des Tieres zusammen. Igel, die keine Geruchserlebnisse haben, werden oft apathisch, haben keinen Appetit und gedeihen schlecht.

kaum Verdauungskomplikationen eintreten. Weil dafür aber Unmengen von Mehlwürmern gebraucht werden, ist dieses Ernährungsprogramm kostspielig; es sei denn, man legt eine eigene Mehlwurmzucht an.

2. Hackfleisch oder Kalbfleisch, dazu rohe Haferflocken oder Weizenschrot, Milch oder Wasser.

3. Mischkost

Sie bedarf einer mengenmäßigen Ausgewogenheit und wird in verschiedener Zusammenstellung gegeben. Das Hauptgewicht liegt auf der Fleischnahrung. Kalbfleisch, Kalbsleber, Hackfleisch, Mehlwürmer, Ei (hart, weich oder roh), Grießbrei (mit gewässerter Milch gekocht), Kartoffelpüree oder auch ein Stück gekochte, zerdrückte Kartoffel, Schweizer Käse (pflegt für Igel ein Leckerbissen zu sein), Apfel, Banane, Milch, Kräutertee, Wasser.

Fertignahrung für Hunde und Katzen ist zwar verwendbar, die Igel mögen aber im allgemeinen viel lieber Frischfleisch.

Mehlwürmer kauft man üblicherweise in Tierhandlungen. Man hebt sie in einer Schüssel mit steilem Rand auf. Wenn man einen größeren Vorrat ein-

kauft, muß man die Mehlwürmer füttern. Man streut Haferflocken darüber. Zu trinken brauchen sie nichts, denn sie kommen mit dem Oxidationswasser aus. Die Mehlwürmer sind hautfarben, und sie häuten sich. Wenn sie braun werden, stehen sie vor der Häutung. Die Igel fressen sie auch in dieser Form und verschmähen auch nicht den fertigen Käfer. Schwarze Mehlwürmer sind abgestorben und können entfernt werden.
Kleinere Igel holt man am besten aus dem Karton, wenn sie Mehlwürmer bekommen. Man kann ihnen dann helfen, die einzelnen Würmer, die sich aus dem Schälchen schlängeln, wieder einzufangen. Größeren Tieren gibt man sie in einem schweren Futternapf mit hochgezogenem Rand, auf den sie die Pfoten stellen können, ohne das Gefäß umzukippen. Damit kommen sie allein gut zurecht.
Hühnereier sollten geschält und geteilt, bzw. aufgeschlagen werden. Nicht jeder Igel ist in der Lage, ein Hühnerei selbst zu öffnen.
Viele Betreuer mischen auch Vitaminpulver, Kalk und Traubenzucker unter die Nahrung, oder sie verwenden Aufbaumittel für Kleintiere, wie sie in Tierhandlungen angeboten werden.
Der Igel hat einen sehr gut entwickelten Geschmackssinn, und wir wissen nach einigen Tagen genau, was er bevorzugt und was er ablehnt. Die Lieblingsspeisen wechseln allerdings im Laufe der Monate, und die einzelnen Tiere verhalten sich unterschiedlich. Weil es allgemein so bekannt ist, daß Igel gern Milch trinken, möchte ich hier erwähnen, daß es auch Tiere gibt, die keine Milch annehmen.
Man sollte in regelmäßigen Abständen das Gewicht des Igels überprüfen. Die Gewichtszunahme, nicht die Lebhaftigkeit, ist ein verläßlicher Maßstab für sein Gedeihen.

Verschiedene Freßtypen

Die Gefräßigen

Sie sind geradezu besessen von ihrem Herbstinstinkt, Vorrat für den Winterschlaf zu sammeln. Ein Igel dieser Kategorie vertilgt Unmengen hochwertiger Nahrung. Daß ein 500-g-Igel tagtäglich mehr als die Hälfte seines Körpergewichtes aufnimmt, ist keine Seltenheit. Weil er seine Verdauungsorgane ständig überlastet, kann er auch zwischendrein einmal Durchfall haben, was sich aber schnell wieder gibt und ihn nicht hindert, in gewohnter Weise weiterzufressen. Er nimmt rasch zu. Ein Beispiel: Anfang Oktober 200 g, Anfang Dezember 850 g. Weil er nicht so schnell in die Länge wächst, wie es bei dieser Gewichtszunahme erforderlich wäre, platzt er buchstäblich aus den Nähten.

Die Hornhaut am Rücken reißt und fällt in Schuppen oder Fetzen ab, die Stacheln stehen schütter. Der Bauchumfang wächst, und um den Rand der Stachelhaube, die lächerlich klein aussieht, quellen Speckwülste hervor. Das durch die Überdehnung schütter gewordene Fell der Unterseite läßt die rosarote Haut durchschimmern. Die Pfoten werden immer kürzer, und das Zusammenrollen macht Schwierigkeiten.
Manche Igel tragen ihre Fettmassen mit erstaunlicher Leichtfüßigkeit, andere watscheln schwerfällig daher. Und wenn sie einmal auf den Rücken fallen, können sie sich allein nicht mehr aufrichten.
Weil ich mir Sorgen machte, habe ich es früher manchmal versucht, solchen Fressern ihre Ration zu kürzen, aber damit kam ich schlecht an. Sie vollführten in der Nacht einen solchen Spektakel, daß ich gutwillig aufstand und ihnen ihr Schälchen wieder in gewohnter Weise füllte. Jetzt lasse ich sie gewähren.
Sowie die Gefräßigen ihr Wintergewicht erreicht haben, das ist meist Anfang bis Mitte Dezember der Fall, igeln sie sich zum Winterschlaf ein.

Die Gelassenen

Andere Igel verhalten sich gelassen. Sie haben zur Kenntnis genommen, daß Nacht für Nacht ein gefülltes Schälchen für sie bereitsteht. Sie nehmen Futtermengen auf, die in einem normalen Verhältnis zu ihrem Körpergewicht stehen. Sie nehmen langsam, aber ständig zu. Manchmal legen sie zwei bis vier Schlaftage ein, was natürlich auch Fastentage sind. Es gibt kaum Verdauungsstörungen, und man kann sie im Frühjahr meist mit einem besseren Gewicht aussetzen als die Gefräßigen, die ja durch Wochen geschlafen haben.

Ernährungsschwierigkeiten

Durchfall

Wenn der Igel in häusliche Pflege kommt, ist er auch einer einschneidenden Nahrungsumstellung unterworfen. Im allgemeinen bewältigt er sie gut. Seine ausgezeichnete Anpassungsfähigkeit hilft ihm dabei. Aber er wird nicht immer mit der plötzlichen Umstellung vom Hungern auf reichhaltige und andersartige Kost fertig und reagiert dann mit Durchfall.
Oft bewirkt bereits eine Nahrungsverschiebung Besserung.
Man läßt die Milch und alle Milchspeisen weg. Man füttert nur Mehlwürmer, bis der Durchfall überwunden ist.
Oder man setzt bestimmte Mittel ein. Man streut Tierkohle auf die Nahrung, gibt Kamillentee oder Schwarzen Tee. Ein ausgezeichnetes Mittel gegen hart-

Bild 19. Die „Rennstrecke" wird jeden Abend abgelaufen.

näckigen Durchfall ist weichgekochtes Siedfleisch. Erst gibt man es als Alleinnahrung, später, wenn eine Besserung eingetreten ist, rührt man es noch einige Tage, in kleine Stückchen geschnitten, unter Grießbrei und Kartoffelpüree.
Natürlich kann man auch ein Medikament einsetzen. Als schnell wirksam ist mir Davosin von Parke und Davis, München, bekannt. Es läßt sich gut unter die Speisen mischen, wird gern genommen und beeinträchtigt nicht den Appetit. Man kann es auch mit Hilfe einer Plastikspritze direkt in die Schnauze des Tieres flößen.
Den einmaligen Durchfall bei den sehr gefräßigen Igeln braucht man nicht weiter zu beachten.

Hungerstreik

Manche Igel treten in den Hungerstreik, wenn sie wegen Untergewicht einige Male aus dem Winterschlaf zurückgeholt wurden. Dagegen ist mir nur ein Mittel bekannt: Das Tier einschlafen lassen. Wenn es wacht und hungert, nimmt es schneller ab, als wenn es schläft und hungert. Wenn es die Nahrung nötiger braucht als den Winterschlaf, wird es nach einiger Zeit von selbst aufwachen und wieder fressen.

Bild 20. Sie führt auch durch das Bad. Die angelehnte Tür wird mit den Schultern aufgeschoben.

Natürlich kann auch ein Igel hungern, weil er krank ist. Das ist dann ein Fall für den Fachmann.

Flaschenkinder auf Lebenszeit

gehören zu den Seltenheiten. Sie kommen nur unter jenen Fällen vor, in denen einzelne zahnlose Igelsäuglinge in häusliche Pflege genommen wurden.
Bei der Aufzucht wurde dem rechtzeitigen Übergang von flüssiger auf feste Nahrung keine Beachtung geschenkt. (Er muß nach meiner Beobachtung in der Phase liegen, in welcher der Igel 80 g bis 130 g wiegt.) Man zieht dann einen Igel heran, der mit 300 g und mehr Gewicht auf seiner Milchflasche besteht und der, wenn man es darauf ankommen läßt, bei gefülltem Teller verhungert. Er hat ein vollentwickeltes Gebiß und weiß nichts damit anzufangen. Nach meiner Meinung wurde hier ein wichtiger Lernprozeß ausgelassen, der später nur mit großen Anstrengungen nachgeholt werden kann.
Auf welche Weise einer Betreuerin die Umschulung von flüssiger auf feste Nahrungsaufnahme bei einem 380 g-Igel gelungen ist, halte ich hier fest.
Erst wurde der Nachahmungstrieb angesprochen. Das große Flaschenkind wurde mit einem anderen Igel, der seine Mehlwürmer laut schmatzend zu ver-

speisen pflegte, vor ein gefülltes Futterschälchen gesetzt. Der Erfolg blieb aus. Mehlwürmer wurden ihm mit einer Pinzette in die Schnauze geschoben. Er spuckte sie aus. Das gleiche passierte mit Speisebrei, der ihm mit einer Spritze eingeflößt wurde. Eines Tages schüttete seine Betreuerin Milch in ein Schälchen und warf Mehlwürmer hinein. Der Igel sah den sich heftig bewegenden Würmern eine Weile fasziniert zu — dann schnappte er hin und fraß einen Wurm nach dem anderen auf. Das war natürlich ein großer Augenblick für die ganze Familie, denn damit war der Durchbruch geschafft.

Erstickungsgefahr

Wenn sich unter mehreren Igeln noch sehr kleine befinden, sollte man die Fleisch- und Käsebrocken möglichst klein schneiden. Tut man das nicht, so kann es passieren, daß sich ein kleines Tier an einem zu großen Stück versucht und einen Erstickungsanfall bekommt. In einem solchen Fall muß schnell erste Hilfe geleistet werden. Man hebt es an den Hinterbeinen hoch und klopft ihm leicht auf den Rücken. Der Brocken rutscht nach einer Weile heraus oder in den Schlund. Füttert man nur kleine Igel miteinander ab, pflegt man die Nahrung automatisch kleiner zu zerschneiden.

Blutender Mund

Bevor ich damit in Berührung kam, war ich von anderen Igelbetreuern darauf aufmerksam gemacht worden. Schließlich fand ich selbst ein Tier, dem hellrotes Blut vom Munde tropfte. Ich sagte mir, es könnte eine Verletzung sein, aber auch Zahnfleischbluten als Folge einer mangelhaften Ernährung, und fütterte als Schonkost Grießbrei, Kartoffelpüree und Hackfleisch. Das Bluten verlor sich nach einigen Tagen und trat auch nicht mehr auf, als ich auf feste Nahrung überging.
Später stellte ich fest, daß dem Igel ein Stück in der Oberlippe fehlte. Auch wenn er den Mund geschlossen hatte, war an dieser Stelle seine Zunge zu sehen.
Ob es sich bei den anderen Igeln auch um eine Verletzung gehandelt hatte, konnte ich nicht mehr feststellen, und ich weiß auch nicht, wie sie dazu gekommen sind. Eine Gemeinsamkeit hatten diese Igel allerdings. Sie waren besonders entkräftet und waren spät hereingenommen worden.

Darmbluten

Kommt selten vor, kann aber mit großer Heftigkeit auftreten. Dagegen wurde mit Erfolg Leinsamen-Schrot eingesetzt. Er wurde unter die Breispeisen gemischt und auch über das Fleisch gestreut und wurde von den Igeln ohne weiteres aufgenommen. Wenn Darmbluten als Folge von Durchfall auftritt, muß der Durchfall in der schon beschriebenen Weise bekämpft werden.

Unterbringung

Kalt oder warm?

Igel lieben Wärme, das stimmt. Es ist nur die Frage, ob ihnen Zimmerwärme und alle Heizungsarten auf die Dauer bekommen. Man kann von kompetenter Seite den Rat erhalten, ihn bei der Überwinterung im Haus im geheizten Raum unterzubringen. So habe ich es am Anfang getan, und so haben es auch andere gehandhabt. Wir haben damit keine guten Erfahrungen gemacht. Gewiß, man kann die Tiere durchbringen, aber sie verloren so schnell die Frische, die sie aus der Natur mitgebracht hatten, wurden bewegungsfaul und aßen schlecht. Die Zimmertemperatur hielt sie außerdem nicht davon ab, in den Winterschlaf zu fallen.
Jetzt bringe ich alle Igel in ungeheizten Räumen unter bei einer Temperatur um 13° C, einige auch im Souterrain. Ich bewahre sie auch nicht vor Temperaturschwankungen, lüfte also auch bei kalter Außentemperatur, schließlich halten sie diese auch in der Natur aus.
Für die Unterbringung selbst kann man sich natürlich vielerlei Möglichkeiten ausdenken. Ich führe zwei davon näher aus, mit denen ich gute Erfahrungen gemacht habe.

Zimmer mit Schlafhaus

Das ist die Ideallösung, die nur selten zur Verfügung steht. Man braucht eine ungeheizte Kammer oder einen Raum im Souterrain (nicht den Heizungskeller), wo der Igel nach Belieben laufen kann, also eine Art Ersatzrevier. Dahinein stellt man ein Schlafhaus, das etwa so aussehen kann: Ein Karton, oben geschlossen, damit sich das Tier geborgen fühlt, unten offen, damit es vom Betreuer abgehoben werden kann. In eine Seitenwand schneidet man das Schlupfloch. Karton und Schlupfloch müssen der Größe des Tieres entsprechen. Unter das Schlafhaus kommt eine Wärmeisolierung, die in einem Brett oder einer Styroporplatte bestehen kann und auf die man einige Blätter Zeitungspapier legt. Igel wollen sich verkriechen und packen sich gern warm ein. Deshalb braucht das Schlafhaus eine Füllung, die aus verschiedenem Material bestehen kann. Heu, trockenes Laub, Lappen, Papier usw.

Auch die Kammer selbst muß man besonders herrichten. Wenn Zementboden vorhanden ist, sollte man einen alten Teppich darüberbreiten. Der Wand entlang legt man Zeitungspapier, um dem Igel eine Erkältung zu ersparen!
Als Füllmaterial für das Schlafhaus habe ich Verschiedenes durchprobiert. Heu und Laub bleiben dem Igel im Fell und vor allem in den Stacheln hängen, er verschleppt Teile davon im Zimmer und hinterläßt auch seine Spuren, wenn man ihn einmal ins Wohnzimmer nimmt, um ihn der Familie vorzuführen. Ich selbst habe mich für Papierhandtücher als Füllmaterial entschieden.
Die meisten Igel wollen ihr Schlafhaus bis oben vollgestopft haben, man wundert sich oft, wie sie überhaupt noch darin Platz haben. Wenn man es ihnen nicht recht macht, stopfen sie nach. Sie schleppen das Zeitungspapier herbei, das man der Wand entlang ausgelegt hat, zerreißen und zerknüllen es und tragen es in der Schnauze ins Schlafhaus. Ich pflege Vorsorge zu treffen und lege für sie immer einige Blätter Zeitungspapier vor ihr Schlupfloch, zur freien Bedienung.
Manchmal ist der Igel unzufrieden mit dem Platz, auf den man sein Schlaf-

Bild 21. Heute ist Besuch da. Das kann ich gar nicht leiden.

Bild 22. Schnell ins nächste Schlupfloch.

haus gestellt hat. Es soll nicht so frei dastehen. Er will mindestens ein Eck, besser eine Nische, den Platz hinter einer Kiste. Jedenfalls kann es passieren, daß er mit Sack und Pack umzieht. Man findet am Morgen ein völlig ausgeräumtes Schlafhaus vor und in einer Ecke türmt sich ein Berg Papier. Mitten drin schläft der Igel. Manchmal paßt ihm auch die Stellung seines Schlupfloches nicht. Dann dreht er in der Nacht sein Schlafhaus so, wie er es haben möchte. Im Raum selbst sollten keine guten Möbel stehen. Der Igel zerkratzt sie. Es gibt auch Techniker unter ihnen, die Waschleisten abmontieren. Den Raum müssen wir uns auf mögliche Schlupflöcher hin ansehen. Der Igel zwängt sich oft in kleinste Lücken. Er kann sich bei seinem dehnbaren Balg ganz schmal und auch wieder breit wie eine Flunder machen. Mitunter kann es passieren, daß er ohne Hilfe aus einem Versteck nicht mehr herauskann, weil die Stacheln als Widerhaken wirken.

Ich mußte einmal eine Obstkiste auseinandernehmen, weil mein guter Igel seinen Kopf zwischen zwei Latten durchgezwängt hatte. Ein mir bekannter Igel wurde durch Tage vergebens gesucht, auch sein Schälchen blieb unberührt. Schließlich gab die Pfütze unter einem besonderen Polsterstuhl Aufschluß über seinen Verbleib. Die Kinder krochen unter den Stuhl und sahen zwischen den

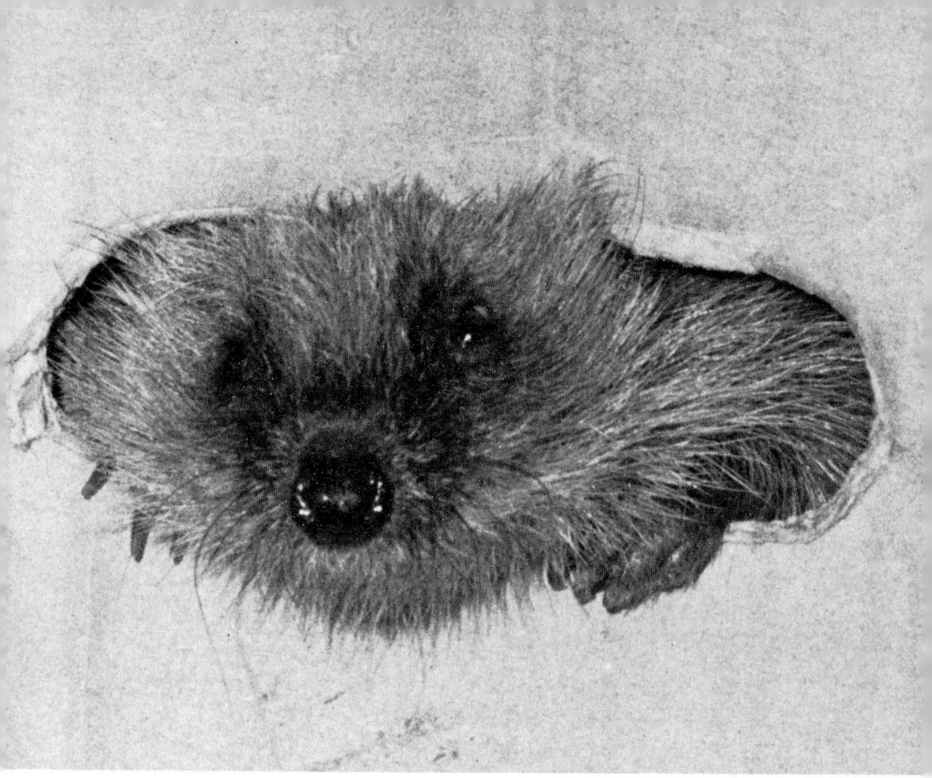

Bild 23 (links). Das Licht hat mich müde gemacht. Ich will in mein Haus.
Bild 24 (oben). Ob es durchs Fenster geht?

Gurten eine Igelpfote heraushängen. Ein Gurt mußte zerschnitten werden, damit das Tier befreit werden konnte. Aber jedes Verschwinden des Igels ist immer mit einem Mordsgaudium für die Kinder und meist auch für die ganze Familie verbunden. Man ist stolz auf die Streiche seines Igels und erzählt sie im Bekanntenkreis.

Ein Igel kann sehr gut saubergehalten werden. Lästige Gerüche können vermieden werden. Schlafhaus und Teppich bleiben im allgemeinen sauber. Sicherheitshalber sollte man aber jeden Tag das Füllmaterial durchsehen, und auch dann, wenn es der Igel ganz rein hält, sollte es in gewissen Abständen erneuert werden, dies gilt vor allem für Textilien. Kot und Wasser macht der Igel meist in einem Eck auf das Zeitungspapier. Wegen der großen Urinmengen, die ein Igel produziert, versieht man die Ecken vorsorglich mit etlichen Lagen Papier. Man braucht dann am Morgen nur die beschmutzten und nassen Blätter Zeitungspapier austauschen, und der Raum ist wieder frisch. Außerdem kann der Igel gebadet werden.

Großer Karton mit Schlafhaus

Die gebräuchlichste Art der Unterbringung, die auch andere Igel-Betreuer von mir übernommen haben, dürfte eine große, hohe Kiste oder ein ebensolcher Karton als Igelhaus sein. Der Boden wird mit Pappdeckel oder Styropor abgedeckt. Darauf legt man viele Lagen Zeitungspapier und stellt das wesentlich kleinere Schlafhaus hinein, das ich oben beschrieben habe. Zunächst lasse ich den Karton oben offen; wenn der Igel in den Winterschlaf gefallen ist, pflege ich den Karton zu schließen.
Bei dieser Lösung sollte man das Tier jeden Abend herausholen und mindestens eine Stunde laufen lassen. Besonders die Kinder, aber auch die anderen Familienmitglieder, oft der ganze Bekanntenkreis, wollen ihn ja auch kennenlernen, ihm zusehen, dies und das beobachten. Man kann ihn im Vorhaus, im Keller oder auch im Wohnzimmer laufen lassen. Igel pflegen sich eine bestimmte „Rennstrecke“ zuzulegen, die sie Abend für Abend ablaufen und abschnuppern.
In den ersten Nächten revoltiert der Igel meist gegen sein Gefängnis, versucht auch auszubrechen, schließlich gewöhnt er sich daran und paßt sich einem bestimmten Tageslauf an.
Die Sauberhaltung ist hier natürlich schwieriger. Man sollte, bevor man schlafen geht, noch einmal das beschmutzte Zeitungspapier austauschen, denn einem Igel gefällt es gar nicht, wenn er in seinem Kot herumlaufen muß. Er schafft Abhilfe, so gut er kann. Er macht unter die Zeitung, biegt ein Papiereck über die Würstchen, hängt sie an die Kartonwand, macht sie auf das Dach seines Schlafhauses oder benützt sein leeres Schälchen als Nachtgeschirr.

In der Gemeinschaft oder allein?

In der Gemeinschaft

Wenn man eine ganze Familie in häusliche Pflege nimmt, sie besteht bei den Igeln aus Mutter und Kindern, so gibt es nichts zu überlegen. Die Familie muß beisammenbleiben, denn die Jungen werden von der Mutter gesäugt und betreut. Dabei kann man über das soziale Verhalten der Igel viele Beobachtungen anstellen. Ich habe mich z. B. schon öfters gefragt, wie es möglich ist, daß Igeljunge von einem Wurf so unterschiedlich groß und so unterschiedlich weit entwickelt sind. Manche wiegen 350 g, sind in einem ausgezeichneten Allgemeinzustand, fressen alles und sind sehr selbständig. Andere wiegen nicht einmal 100 g, können sich nicht zusammenrollen und nehmen nur flüssige Nahrung auf.

Bild 25. Igel sind Einzelgänger. Wenn sich zwei Tiere begegnen, so pflegen sie sich in der Regel mißtrauisch bis unfreundlich gegeneinander zu verhalten. Dies ändert sich zwischen Männchen und Weibchen nur in der Paarungszeit.

Als ich zum erstenmal einer Igelfamilie zusehen konnte, fand ich die Erklärung.

Bereits bei der Mutter setzt ein Ausleseprozeß ein. Die Erziehung sieht so aus: Hier ist die Milch, trink! Hier ist das Futter, friß! Die kräftigen Tiere bewegen sich schneller, können schneller trinken, erhalten also die größeren Portionen.

Wenn dann alle Igelkinder kauen können, wiederholt sich das gleiche. Die großen können eben schneller kauen und bekommen wieder die größeren Rationen. Manchmal will sich so ein kleiner Kerl etwas aus dem Futternapf reservieren. Er setzt sich mitten hinein und deckt mit seinem Körper einen Teil zu. Aber auch das hilft nichts. Es wirft ihn zwar niemand hinaus, aber die spitzen Igelschnauzen holen unerbittlich einen Brocken nach dem anderen unter seinem Bauch hervor, auch die Mutter beteiligt sich daran. Auf diese Weise wird der Unterschied zwischen den Geschwistern immer größer. In der Gefangenschaft ist natürlich ein Ausgleich durch Zufüttern möglich.

Aber auch die Wärmeverteilung muß reguliert werden, denn hier kommen ebenfalls die schwächeren Tiere zu kurz und bekommen manchmal schon nach zwei Tagen einen Temperatursturz.

Bild 26 (links). Der Igel versucht sich durch jeden Zwischenraum durchzuschieben; manchmal bringt er sich dabei in Schwierigkeiten.
Bild 27 (oben). Igel springen, ohne lange zu überlegen, aus jeder Höhe herunter. Im allgemeinen verletzen sie sich auch nicht. Sie drehen den Körper, so daß sie seitlich auf die aufgestellten Stacheln fallen, die den Aufprall mildern.

Die Igelfamilie schläft Bauch an Bauch. Die Mutter liegt auf der Seite, man sieht die Fußsohlen und den wolligen Bauch. Die Stachelkappe zieht sie etwas herunter, so daß rundherum eine Hautfalte entsteht, in die die Jungen zum Teil hineinkriechen, zum Teil ruhen sie am Bauch der Mutter und können sich wärmen. Auf diese Weise sieht die schlafende Igelfamilie wie eine große Stachelkugel aus. Wenn die Jungen noch klein sind, haben alle am Bauch der Mutter Platz, je größer sie werden, desto weniger können bei ihr schlafen. Es sind auch hier immer die stärksten Tiere, die sich diesen bevorzugten Platz sichern. Man beugt einem Anfall von Winterschlaf am besten vor, indem man die kleinsten Tiere auf eine Wärmflasche legt und leicht zudeckt. Wenn sie dann die Geschwister eingeholt haben, finden sie sich gut zurecht und können Schritt halten.
Nachdem die Igelmutter abgestillt hat und in die Natur zurückgebracht worden ist, kann man in der Regel dic kleinen Igel so lange beisammen lassen, wie der Platz für sie ausreicht. Sie sind als Geschwister aneinander gewöhnt.

Bild 28. Igel-Männchen.

Das am weitesten entwickelte Tier pflegt tonangebend zu werden, ohne daß es um seine Vormachtstellung kämpft oder die anderen plagt. Es ist eine Art freiwilliger Unterordnung, die hauptsächlich in der Nachahmung besteht. Ein Beispiel:

Ich stelle den Igeln ein Schälchen mit Fleisch hin und bleibe stehen, um ihnen beim Essen zuzusehen. Zunächst stürzen sie auf das Schälchen zu und kauen eifrig. Plötzlich hört das größte Tier auf zu fressen, steckt die Nase in die Höhe und sieht mich aufmerksam an. Die anderen kauen noch eine Weile weiter, merken aber dann, was ihr Anführer tut. Sofort solidarisieren sie sich mit ihm, stecken die Nase in die Höhe und schauen mich ebenfalls an. Ich kenne sie inzwischen ganz gut und weiß, was sie von mir wollen: Mehlwürmer, ihre Lieblingsspeise. Ich weiß auch, wie ich sie zum Weiterfressen bringe. Indem ich weggehe.

Gibt man aus Platzmangel mehrere Tiere, die keine Geschwister sind, in einen Stall, so bildet sich eine Hackordnung heraus. Das aggressivste Tier, es muß nicht das größte sein, jagt die anderen. Dies kann man vor allem bei der Fütterung beobachten.

Gibt man aber zu einem Tier, das schon länger in einem Stall untergebracht

Bild 29. Igel-Weibchen.

ist und deshalb diesen als sein Revier ansieht, ein zweites Tier dazu, so löst man einen Revierkampf aus. Der Igel mit den älteren Rechten geht in Angriffshaltung auf den Neuling los und drängt ihn in die äußerste Ecke. Dort sitzt dann dieser „schuldbewußt", weil er sich als Eindringling fühlt.

Allein

Der Igel ist ein Einzelgänger und hält von einem Beisammensein mit Artgenossen wenig. Begegnen sich zwei Tiere, so stellen sie die Stacheln auf. Dies ändert sich nur in der Paarungszeit zwischen Männchen und Weibchen. Deshalb fühlt sich ein Igel am wohlsten, wenn er allein wohnen darf.
Einzelunterbringung ist auf alle Fälle für ein krankes Tier erforderlich.

Winterschlaf

Der Winterschlaf ermöglicht den Igeln die Überbrückung der kalten Jahreszeit, in der sie als Insektenfresser keine Nahrung finden. Atmung und Herztätigkeit sind während des Winterschlafes herabgesetzt, die Ausscheidungen erfolgen in größeren Abständen, die Gerinnfähigkeit des Blutes verringert sich. Der Igel erzeugt weniger Wärme und kühlt immer mehr ab. Er schläft also auf „Sparflamme" und hat in diesem Zustand einen geringen Substanzverlust.

Gewicht bei Antritt

Das Gewicht des Igels bei Antritt des Winterschlafes entscheidet, ob er den Winter überleben wird. Das Normalgewicht des erwachsenen Igels beträgt 1000 g bis 1200 g, mehr ist die Ausnahme. Viele Igel sind im Herbst leichter und kommen trotzdem durch, wie jeder aufmerksame Beobachter im Frühjahr feststellen kann. Man findet in der Natur ganz verhutzelte kleine Kerle, bei deren Anblick man sich erstaunt fragt, wie es möglich war, daß sie den Winter überdauern konnten.

Für jeden Igelfreund wäre es natürlich hochinteressant zu wissen, wie schwer ein solches Exemplar im November gewesen sein mochte. Auszuloten, wo die untere Gewichtsgrenze liegt, bei der ein Igel gerade noch durchhalten kann, dürfte schwierig sein. Außerdem wird auch die individuelle Konstitution eine Rolle spielen, die nicht nur aus dem Gewicht erkennbar ist. Auch die Temperaturverhältnisse während des Winters haben Einfluß. Die Körpertemperatur des Igels unterschreitet nämlich nie +4° C; sinkt die Außentemperatur stärker ab, so wird automatisch die Speicherfett-Verbrennung erhöht und die Minimaltemperatur dadurch gehalten. Bei ausgeprägten Temperaturstürzen in der Natur kann die Verbrennung so gesteigert werden, daß der Igel aufwacht. Diese geschilderten Vorgänge kosten natürlich mehr Substanz.

GRZIMEK gibt in seinem Merkblatt einen unteren Gewichtsbereich an. Er meint, die Igel sollten bei Antritt des Winterschlafes wenigstens 650 g bis 750 g wiegen.

Ich persönlich halte mich bei meiner Igelbetreuung an einen idealen Gewichtsbereich. Er liegt im Dezember zwischen 800 g und 900 g. Wie ich dazu gekommen bin? Ich habe registriert, daß alle kräftigen September-Igel, die sich in häuslicher Betreuung befinden, die also weder Hunger noch Kälte ausgesetzt sind, erst dann in den Winterschlaf fallen, wenn sie ein Gewicht von 800 g bis 900 g erreicht haben. Wenn ich ein erwachsenes Tier nur für den Winterschlaf in der Natur auffüttere, so setze ich es erst aus, wenn es über 800 g wiegt.

Jungigel behalte ich wegen ihrer geringen Naturerfahrung über den ganzen

Bild 30 (rechts). Wenn ein Igel wenig Gelegenheit zum Laufen hat, wachsen seine Krallen zu lang und müssen zurückgeschnitten werden.

Bild 31. Am Ziel seiner Wünsche. Er hatte die Stimme seiner Betreuerin im Nebenraum gehört und sich durch Kratzen an der Tür Einlaß verschafft, um zu ihr zu gelangen.

Winter im Haus. Bei häuslicher Pflege spielt das Gewicht bei Eintritt in den Winterschlaf eine weit geringere Rolle. Warum das so ist, geht aus meinen späteren Ausführungen hervor.

Verlauf

Als ich mit der Betreuung von Igeln begann, habe ich mir den Winterschlaf so vorgestellt: Sie fallen Ende Oktober in den Winterschlaf und wachen Ende März wieder auf. Ich weckte deshalb jedes untergewichtige Tier auf, wenn es bei mir in den Winterschlaf fiel, weil ich fürchtete, daß es verhungern müsse.
Inzwischen weiß ich, daß das gar nicht stimmt. Ein Igel schläft nicht „durch", er wacht zwischendrein immer wieder einmal auf, und zwar aus verschiedenen Gründen: Wenn es „zu" kalt wird, wie bereits oben erwähnt, bei Tauwetter, wenn er Hunger hat, wenn er Blase und Darm entleeren muß.
Er wacht sowohl bei häuslicher Betreuung als auch in der freien Natur immer wieder einmal auf.
Einer unserer Nachbarn beobachtet dies Winter für Winter. Er hat einen gro-

ßen, igelfreundlichen Garten. Damit meine ich, daß ein Igel dort viele Möglichkeiten findet, sich zu verkriechen: Hecken, Sträucher, Laubhaufen, die übrigens gar nicht sehr hoch sein müssen, um vom Igel als Winterquartier akzeptiert zu werden. In diesem Garten herrscht das Jahr über ein lebhafter Igelverkehr, und viele Tiere überwintern auch dort.
Wenn das Wetter gelegentlich etwas linder wird, wachen sie auf und verspüren natürlich Hunger. Sie kommen aus ihren Laubhaufen heraus, laufen zum Wohnhaus und wecken die Familie. Das spielt sich so ab: Bei der Haustür steht ein Schälchen für die Katze. Einer der Kerle faßt es mit der Schnauze und zieht es so lange auf dem gepflasterten Gartenweg hin und her, bis jemand von dem scheppernden Geräusch aufwacht und der hungrigen Gesellschaft etwas Eßbares bringt. Haben sie sich die Bäuche vollgeschlagen, so trollen sie sich wieder in ihre Verstecke und schlafen weiter. Dieses Spiel wiederholt sich einige Male während des Winters. Auf diese Weise können in diesem Garten auch kleine Igel überwintern.
So schön haben es natürlich nur wenige Tiere in der Natur. Die Regel ist, daß sie sich umsehen müssen, ob nicht noch irgendein Wurm, ein Käfer, eine Schnecke aufzustöbern sind. Wenn sie nichts finden, muß es auch so gehen. Das kleine Tier braucht allerdings die Zwischenmahlzeiten, um nicht zu verhungern.

Bei Untergewicht

Wenn man im Herbst einen Igel ins Haus nimmt, so bekommt er früher oder später einen Temperatursturz, das heißt, seine Körpertemperatur sackt plötzlich ab, er fühlt sich am ganzen Körper kalt an. Nur die kräftigen Tiere mit gutem Gewicht erholen sich wieder davon und überstehen mitunter einige Temperaturstürze, ohne einzuschlafen. Die schwächeren igeln sich gleich beim ersten Temperatursturz ein und fallen in den Winterschlaf. Für den Betreuer sieht das so aus: Der Igel kommt nicht zum Futternapf, er läßt sich auch nicht auf normale Weise aufwecken, versucht man ihn aufzurollen, zieht er sich immer mehr zusammen. Man kann ihn allerdings aufwecken, indem man ihn auf eine Wärmflasche legt. Weckt man einen Igel auf diese Weise am selben Tag, an dem er in den Winterschlaf gefallen ist, so braucht man eine halbe Stunde bis zwei Stunden dazu. Bei den schwächeren Tieren dauert es länger als bei den kräftigeren.
Ich kannte Igel, die wegen Untergewicht zwei- und dreimal in kurzen Zeitabständen aus dem Winterschlaf zurückgeholt worden waren. Sie waren von Mal zu Mal kraftloser geworden, versteiften sich oft auf ein bestimmtes Futter, das sie gar nicht vertrugen, oder fraßen überhaupt nicht mehr. Ihr inneres

Programm war durcheinandergebracht worden, ihre Instinkte schienen sie verlassen zu haben.

Auf Grund dieser Erfahrungen wecke ich keinen Igel mehr auf, ich überlasse ganz ihm die Führung. Fällt er in den Winterschlaf, so lasse ich ihn schlafen, solange er will. Wenn er aufwacht, füttere ich ihn wieder. Mit diesem Verhalten gelingt es mir, auch ganz geschwächte Tiere über die Runden zu bringen.

Hier ein besonders drastisches Beispiel.

Obwohl der Boden fest gefroren war und eine leichte Schneedecke lag, fand ich im Januar bei einem Abendspaziergang noch einen 300 g-Igel. Der Hunger mochte ihn aufgeweckt haben. Ich nahm ihn mit nach Hause. Bei Licht merkte ich erst, in welch schlechtem Zustand er war: Er blutete aus Mund und Darm, war völlig abgezehrt und sah einer Mumie ähnlicher als einem lebendigen Wesen. In der Zimmertemperatur verfiel er immer mehr, und ich hatte wenig Hoffnung, ihn durchzubringen. Versuchen aber wollte ich es.

Zunächst brauste ich ihn warm ab und trocknete ihn mit einem Föhn. Ich erhoffte mir davon eine Anregung des Kreislaufes. Weil ich nach dieser inten-

Bild 32. Saubergehaltene Igel kann man auch auf Stühlen, Couches und Teppichen herumlaufen lassen.

Bild 33. Er weiß Mehlwürmer, für die meisten seiner Artgenossen begehrte Leckerbissen, nicht zu schätzen!

siven Wärmebehandlung keine Erkältung riskieren wollte, brachte ich ihn für die erste Nacht in ein geheiztes Zimmer. In der nun folgenden Zeit stellte ich mich ganz auf sein Programm ein, und das sah so aus:

4 Tage wach (dabei Nahrungsaufnahme bei Tag und Nacht in langsam ansteigenden Mengen)
3 Tage Winterschlaf (typische, stark ausgeprägte Vorzeichen)
3 Tage wach (reichliche Nahrungsaufnahme bei Tag und Nacht)
3 Tage Winterschlaf (typische, stark ausgeprägte Vorzeichen)
7 Tage wach (reichliche Nahrungsaufnahme bei Nacht)
3 Tage Winterschlaf (typische Vorzeichen)
14 Tage wach (reichliche Nahrungsaufnahme bei Nacht)

Gewichtszunahme während dieser Zeit 240 g.

Dieser Igel schlief noch einmal für 3 Tage ein und blieb dann bis zum Frühjahr wach. Er konnte im April mit 1100 g Körpergewicht ausgesetzt werden.

Zu erwähnen wäre noch dies. Ein Igel, der kurzfristig immer wieder aus dem Winterschlaf aufwachen muß, um nicht zu verhungern, macht besonders am ersten Wach-Tag einen sehr angestrengten Eindruck. Er ist heiß, als ob er

Fieber hätte, seine Nase ist ganz trocken. Er versucht sich abzukühlen, indem er sich platt auf den Boden legt, alle viere von sich streckend. Man sollte dafür sorgen, daß neben reichlichem Futter auch genügend Wasser bereitsteht.

Vorbeugung

Ich halte nichts vom wiederholten Zurückholen aus dem Winterschlaf. In manchen Fällen beuge ich aber vor, um von vornherein zu verhindern, daß ein besonders geschwächtes Tier in den Winterschlaf fällt. Es wäre ja möglich, daß es die Energie, die zum Zurückkommen erforderlich ist, nicht mehr aufbringen kann und stirbt. Daß es sich um eine große Anstrengung handelt, kann jeder ermessen, der einem Igel beim Aufwachen zusieht. Er schnauft heftig und zittert am ganzen Körper.
Ich beuge durch Wärmeeinwirkung vor.
Ich lege z. B. Igelsäuglinge von vornherein auf eine Wärmflasche. Damit die Wärme lange gespeichert bleibt, fülle ich sehr heißes Wasser ein und umwickle die Flasche mit vielen Tuchlagen. Wenn die Temperatur für unsere Hand angenehm warm erscheint, ist sie auch für den kleinen Igel recht.
Dem spät hereingenommenen Igel bereite ich ein warmes Bad, um seinen Kreislauf anzuregen. Damit erreiche ich, daß er wenigstens einige Mahlzeiten einnehmen kann, bevor er wieder in den Winterschlaf fällt. Der baldige Eintritt in den Winterschlaf ist bei schwachen Tieren an typischen Vorzeichen erkennbar, die allerdings nicht allesamt an einem Tier feststellbar sein müssen:
Man kann sie von Abend zu Abend schwerer aufwecken.
Ihr Appetit läßt nach.
Die Ausscheidungen erfolgen nach immer größeren Zwischenräumen.
Sie geben sich müde und sind bewegungsfaul.
Sie werden unsicher auf den Hinterbeinen. Manchmal sacken sie auch die Hinterbeine in die Stachelkappe ein und ziehen mit den Vorderbeinen den Hinterleib wie einen Schlitten hinter sich her.
Sie fühlen sich kalt an.
Die Igel selbst spüren auch, was sich in ihnen vorbereitet. Die ganz Tüchtigen unter ihnen ziehen noch schnell das gefüllte Schälchen in ihr Schlafhaus, solange noch wenigstens die Vorderbeine beweglich sind, und verputzen noch einmal in liegender Stellung ihr Menü, solange die Schnauze funktioniert.

Bei Vollgewicht

Weniger anfällig für einen vorzeitigen Winterschlaf sind jene Igel, die sich einer guten Gesamtverfassung erfreuen. Sie haben meist schon Anfang Dezem-

Bild 34. Halbzahmer Igel in Hängelage, gefaßt an der leicht abhebbaren Rückenhaut. Die Hinterpfoten hat er aus Sicherheitsgründen eingesackt.

ber ein ausgezeichnetes Gewicht, und manche schlafen auch von einem Tag auf den anderen ein, ohne daß wir ein Vorzeichen bemerkt hätten. Andere wieder können und können sich nicht in den Winterschlaf finden, obwohl sie einen Temperatursturz nach dem anderen haben. Sie werden mit der Zeit launisch, verdrossen, wollen nicht laufen, fressen schlecht und nehmen ab. In solchen Fällen helfe ich nach.

Der Eintritt des Winterschlafs wird begünstigt durch Kälte, Hunger, Dunkelheit und hohen Luftdruck.
Ich bringe den Igel in seinem Schlafhaus und oben geschlossenem Karton an einem frostigen Vormittag — Leistungstiefstand beim Nachttier — in den Garten. Gleich am ersten Abend pflegt er nicht mehr aufzuwachen. Als dauernden Aufenthalt wähle ich dann den kältesten Raum des Kellers aus. Ich habe mit +5 — +6° C gute Erfahrungen gemacht. Bei 8—10° C wacht er allerdings nach einigen Tagen wieder auf.
Es gibt auch Igel, die kein Verlangen nach einem Winterschlaf zeigen, obwohl sie sich ihn gut leisten könnten. Sie essen gleichmäßig, sind lebhaft und freundlich.
Schon öfters wurde mir deshalb die Frage gestellt: „Schadet es dem Igel, wenn er keinen Winterschlaf hält?" Ich habe Tiere beobachtet, die einen Winterschlaf gehalten haben, und solche, die ihn ausgelassen haben. Mir ist in ihrer Entwicklung und in ihrem Verhalten kein Unterschied aufgefallen.

Sauberhaltung und Zwischenfütterung

Die Körperfunktionen sind während des Winterschlafs herabgesetzt, aber sie sind nicht ganz eingestellt. Der Igel scheidet also auch weiter aus, allerdings in größeren Zeitabständen. Dabei wacht er auf und kommt auch aus seinem Schlafhaus heraus. Findet er bei dieser Gelegenheit einen gefüllten Napf vor, so frißt und trinkt er auch. Er macht sich allerdings nicht bemerkbar, wenn für ihn nichts bereitgestellt wurde.
Bei vielen Igeln, die in guter Verfassung sind, bei denen es also nicht lebenswichtig ist, bald aufzuwachen, kann man mit der Zeit einen Rhythmus feststellen. Voraussetzung ist allerdings, daß die Temperatur etwa gleichbleibt und daß die Zwischenmahlzeiten in gleicher Menge gegeben werden.
So wußte ich bei einem meiner Igel, daß er genau nach einer Woche wieder aufwachen würde, und das war Donnerstag. Eine Schale mit Wasser hatte er immer im Karton, aber am Donnerstag stellte ich außerdem sein gefülltes Futterschälchen hinein, das ich am nächsten Tag leer vorfand. Ich brauchte in der Woche nur einmal den Igelkarton säubern. Das Schlafhaus selbst hält der Igel während des Winterschlafes vollkommen sauber, und man sollte es auch unberührt lassen.
Wenn sich der Rhythmus nicht in dieser geschickten Weise einspielt, kann man trotzdem rationell zwischenfüttern, indem man Mehlwürmer verwendet. Man stellt sie in einem hochrandigen Napf am Abend in den Igelkarton. Wacht der Igel nicht auf, so holt man die Mehlwürmer über den Tag in einen geheizten Raum und füttert sie, damit sie sich wieder erholen können. Am Abend bringt

man sie wieder in den Igelkarton. Mehlwürmer halten diese Prozedur aus. Auf diese Weise braucht man nichts wegwerfen.
Manche Igelbetreuer geben neben Wasser eine eiserne Ration von unverderblichen Lebensmitteln zur freien Bedienung ins Igelhaus, wie Kekse oder Schweizer Käse.
Natürlich kann man auch bei den gut genährten Igeln die Zwischenfütterung ganz weglassen. Sie wachen dann in größeren Zeitabständen auf und verlieren an Gewicht. Aber das kann nach dem Erwachen schnell wieder aufgeholt werden.
Es kommt auch vor, daß Igel, vor allem, wenn sie sich spät in den Winterschlaf gefunden haben, einige Wochen durchschlafen.

Im Winterschlaf oder tot?

Manchmal wurde mir erzählt: „Unser Igel ist gestorben.“ Wenn ich nach den näheren Umständen fragte, wurden sie folgendermaßen dargestellt: Er wollte nicht mehr fressen, seine Beine waren gelähmt, und schließlich lag er tot im Stall.
Zunächst hatte ich gemeint, ich sei einer Art Igelstaupe auf der Spur. Schließlich — was wissen wir schon von Igelerkrankungen? Ich hatte mir auch vorgenommen, ein nach solchen Symptomen gestorbenes Tier zum Staatlichen Tierärztlichen Untersuchungsamt zu bringen mit der Bitte, eine genaue Diagnose zu stellen. Jedoch kam mir nie ein Tier in die Hände, das auf diese Weise erkrankt war.
Eines Tages fiel es mir wie Schuppen von den Augen: In diesen Fällen wurden die Symptome vor dem Winterschlaf mit einer krankhaften Lähmung verwechselt, der eingeigelte schlafende Igel mit einem toten. Weil es auch schon zu Zweifeln zwischen normal am Tage schlafenden und toten Igeln gekommen ist, möchte ich alle Ruhestellungen beschreiben.
Beim Tagesschlaf liegt der Igel in der Regel leicht gekrümmt auf der Seite, die Vorderpfoten und die Schnauze sind zu sehen. Er kann aber auch auf dem Bauch liegen. Dann streckt er entweder den Kopf nach vorn, oder er nimmt ihn nach unten. Im ersten Fall sieht man den Kopf, im zweiten nicht, der ganze Igel sieht vielmehr wie eine Stachelkugel aus, die aber unten offen ist. Manchmal, besonders wenn ihm heiß ist, streckt er in der Bauchlage auch die Pfoten von sich.
Ein schlafender Igel wacht in der Regel auf, wenn man ihn anfaßt oder aufhebt. Es kann aber auch vorkommen, daß ein kleiner Igel dabei ruhig weiterschläft. Daß er lebt, ist aus der Atmung ersichtlich, außerdem fühlt er sich warm an.

Tiere, die aus dem Leben heraus (als Unterschied für: während des Winterschlafes) sterben, nehmen die gleichen Stellungen ein, aber die Augen sind offen und gebrochen; sie atmen nicht, kühlen immer mehr ab und werden starr.
Wenn ein Tier in den Winterschlaf fällt, so igelt es sich ein. Es liegt auf der Seite und ist ganz zusammengekrümmt, die beiden Körperenden berühren sich. Kein Körperteil ist zu sehen. Es ist kalt, aber es atmet. Wenn man versucht, es aufzurollen, ist die Muskelkraft spürbar, die dagegen arbeitet.
Stirbt ein Igel während des Winterschlafes, so behält er die eingeigelte Stellung bei, aber er hört auf zu atmen. Es gelingt mit mechanischer Kraft nicht, ihn aufzurollen, aber den Bemühungen setzt sich keine Muskelkraft entgegen.
In Zweifelsfällen begrabe man den Igel keinesfalls, sondern bringe ihn in den Wald unter einen Laubhaufen, dann hat er noch eine Chance, falls er lebt.

Ende des Winterschlafes

Eines Tages ist es dann soweit, der Igel wacht aus dem Winterschlaf auf, und zwar zwischen Mitte März und Anfang April. Begünstigt wird das Erwachen von Wärme und niedrigem Luftdruck.
Wenn er beim Erwachen keine Nahrung vorfindet, rührt er sich energisch und lautstark, denn er hat viel Hunger. Jene Igel, die zwischengefüttert wurden, haben keinen Gewichtsverlust, manche sogar eine leichte Zunahme, die anderen, die nicht zwischengefüttert wurden, haben einen Gewichtsverlust von etwa 10%.
Die Igel sind nach dem Winterschlaf etwas unsicher in den Bewegungen und zeigen eine große Scheu vor Licht, beides gibt sich aber bald. Sie sind nicht mehr so zahm, zeigen aber, daß sie sich in den Räumlichkeiten noch sehr gut zurechtfinden, indem sie auf Anhieb zielsicher die alten Schlupflöcher ansteuern.

Zurück in die Natur

Die mir bekannten Igel wurden in der Regel im Lauf des Aprils ausgesetzt. Die Betreuer wählten einen besonders warmen Tag dafür aus. Je näher der Abschied rückt, desto unruhiger pflegen Igel und Betreuer zu werden. Die Igel, weil sie das Frühjahr spüren. Sie wollen hinaus in die Freiheit und schnuppern sehnsüchtig zum offenen Fenster. Sie fangen überall an zu scharren, sind launisch und machen einen unglücklichen Eindruck. Manche verweigern sogar die Nahrung.

Bild 35. Vor der Entlassung in die Natur. Mit reichlichem Speckvorrat ausgestattet.

Die Betreuer sind unruhig, weil sie sich Gedanken machen über das Wo und Wie des Aussetzens, aber auch über Grundsätzliches. Die Überlegungen lassen sich so wiedergeben: Ist der Igel überhaupt lebensfähig in der Natur? Wird er sich bei der Nahrungssuche zurechtfinden? Viele von ihnen kamen so klein in menschliche Betreuung, daß sie sich vorher gar keine Naturerfahrung hatten erwerben können. Wird ihnen ihre Vertrauensseligkeit nicht in der Freiheit zum Verhängnis werden? Es wird auch überlegt, ob und wie der Igel gezeichnet werden sollte. Selbstverständlich kein Ring am Bein. Er könnte damit im Unterholz hängenbleiben. Aber ein Farbfleck? Natürlich nicht auf den Rücken, er würde seine Tarnung zerstören. Aber vielleicht am Stachelrand?
Manche Betreuer versuchen ihren Igel auf die Freiheit vorzubereiten. Sie gehen mit ihm jeden Abend im Garten spazieren. Dabei beruhigen sie sich etwas, denn sie stellen fest, daß sich der Igel sofort anders verhält als im Haus. Er wird vorsichtig. Wenn jemand am Garten vorübergeht, begibt er sich schnell in Deckung oder erstarrt in irgendeinem Schatten. Und natürlich will er ausreißen und besorgt sich sehr schnell einen Überblick über die Fluchtmöglichkeiten.
Viele Betreuer bringen ihrem Igel Würmer und Schnecken. Hier verhalten sich

die einzelnen Tiere sehr unterschiedlich. Manche fressen alles, was man ihnen vor die Schnauze legt, knacken sogar Schneckenhäuser auf, andere schauen sich das Gekrauch nur neugierig an.
Der Abschied macht außerdem die ganze Familie traurig. Der kleine stachelige Kerl war für viele Monate ein interessanter und von allen geliebter Hausgenosse gewesen, er hatte uns instinktarme Menschen ein Stück freier, unverbildeter Natur erleben lassen.

Ist unser Igel lebensfähig?

Damit greife ich die wichtigste Frage heraus. Hier die Antwort in Beispielen.
Der Igel „Kobold" hatte seinem Namen Ehre gemacht und seine Betreuer-Familie den Winter über mit seinen lustigen Streichen in Atem gehalten. Im Frühjahr aber tobte er gegen die Gefangenschaft. Deshalb wurde er bereits Anfang April ausgesetzt.
Die Familie besitzt am Stadtrand einen Garten, in dem ein alter, nicht mehr benützter Stall steht. In diesen wurde das Igelschlafhaus mit Kobold getragen. Durch ein Schlupfloch in der Stalltür konnte er in den Garten gelangen. In der ersten Woche wurde Abend für Abend sein gewohntes Futter hingetragen. Die Menge wurde allerdings von Mal zu Mal reduziert. In der zweiten Woche mußte er sich dann allein kümmern. Kobold zog später aus dem Stall aus und suchte sich im Garten ein anderes Quartier. Ich hörte aber noch einige Male von ihm. Die letzte Nachricht lautete: „Wir haben Kobold gesehen, er kennt uns nicht mehr!"
Eine junge Tierfreundin setzte ihren Igel im April im Wochenendgarten ihrer Tante aus. Er wurde unter den Leiterschuppen gesetzt, wo allerhand Stangen gelagert sind. Als Mitgift bekam er eine Zeitung und eine letzte Mahlzeit. Das Futter aß er gleich auf, die Zeitung zerriß er und machte sich damit zwischen den Stangen ein Lager. Nach vielen Wochen wurde mir berichtet, daß er noch lebe.
Eine Nachbarin hatte ein besonderes Prachtstück von Igel heraufgefüttert: groß, gescheit, originell. Die ganze Familie liebte das Tier über alle Maßen. Natürlich träumte sie davon, daß er bei ihnen im Garten bleiben würde. Zu diesem Zweck bekam er auch ein wetterfestes Igelhaus. Sein Vorbereitungsunterricht für die Natur war erfolgreich verlaufen. Er hatte auf Anhieb jede Lebendnahrung verputzt: Kellerasseln, Ohrwürmer, Spinnen, Regenwürmer. Er riß allerdings auch mit steter Regelmäßigkeit aus, wenn er im Garten laufen durfte.
Am ersten Mai war es dann soweit. Hans verzehrte seine letzte Mahlzeit im Haus, dann wurde er mitsamt seinem Haus in den Garten getragen, der leider

Bild 36. Ob wir ihn im Sommer einmal so treffen werden?

überhaupt keine Sträucher hat. Am nächsten Tag war der gute Hans fort und ward nie mehr gesehen.
Da mich dieses Tier und sein Verhalten in der Natur besonders interessierte, habe ich oft nach ihm gesucht, ihn aber nirgends entdecken können. Die Nachbarin wußte um meine Bemühungen und bat wiederholt: „Gelt, du bringst ihn mir, wenn du ihn findest!" Bis heute konnte ich ihr diesen Wunsch nicht erfüllen. Das muß allerdings nicht heißen, daß er nicht durchgekommen ist. Er kann in seinem Freiheitstaumel hinunter ins Tal gelaufen sein, das war stets seine Fluchtrichtung. Dort sind viele eingezäunte Grundstücke, in denen ich nicht suchen kann.
Einen meiner Igel setzte ich in einem fremden Garten aus, weitab von der nächsten Straße. Ich hatte mit dem Besitzer gesprochen, und wir hatten miteinander überlegt, wo wir sein Haus am besten hinstellen könnten. Schließlich entschieden wir uns für einen Schuppen, der auf drei Seiten geschlossen ist und in dem Holz aufgestapelt war. Um diesen Igel machte ich mir Sorgen. Er war das zahmste Tier, das ich je hatte, und sehr fett und unbeholfen. Außerdem hatte er jede Lebendnahrung abgelehnt. Aus all diesen Gründen mochte

ich ihn auch nicht bei mir im Hausgarten haben. Ich hätte es womöglich nicht übers Herz gebracht, ihm keine Nahrung zuzustecken, und hätte ihn damit vielleicht für alle Zeiten für die Natur lebensuntauglich gemacht. Die ersten Berichte klangen nicht schlecht. Erst lief er fort, kam aber nach einigen Tagen zurück in sein Haus. Später übersiedelte er innerhalb des Gartens. Beruhigt war ich erst, als ich nach einigen Wochen hörte, daß er größer geworden sei.
Im Herbst darauf ging ich oft bei jenem Garten vorbei. Ich wollte wissen, ob mein Igel noch lebt und in welcher Verfassung er sich vor dem Winterschlaf befindet. Als ich schon die Hoffnung aufgegeben hatte, ihn zu sehen, fand ich ihn eines Abends etwa 300 m entfernt von jenem Garten, in einem ausgetrockneten Wassergraben. Er war ein großes Tier geworden und mit reichlich Winterspeck ausgestattet, die typische Narbe zwischen den Augen war noch zu sehen. Ich stellte mit großer Befriedigung fest, daß er meine Hilfe nicht brauchte. Er benahm sich auch zunächst sehr ungnädig wegen der Störung. Nach einer Weile schien ihm aber doch eine Erinnerung zu dämmern, und ich durfte wie einstens seinen Bauch streicheln.
Ein gut entwickeltes und körperlich gewandtes Tier, das allerdings nie so recht zahm geworden war, setzte ich auf einem eigenen Grundstück aus, das mitten in einer Grünfläche liegt. Ich schob sein Haus unter den Leiterschuppen, damit es von oben gegen den Regen geschützt war. Mein Igel lief in der ersten Nacht davon. Weil es Mitte April und sehr kühl war, brachte ich ihm hin und wieder eine Mahlzeit zu seinem Haus. Sein Schälchen wurde auch jedesmal in der Nacht geleert. Es fragte sich nur, von wem. Weil ich Gewißheit haben wollte, legte ich mich eines Abends auf die Lauer. Es war kaum die Dämmerung hereingebrochen, als tatsächlich ein Igel daherkam. Er kroch aus einem Mauerloch und war ein kleiner, völlig abgemagerter Kerl, der seinen Winterschlaf noch nicht überwunden hatte. Gierig fraß er das Schälchen leer. Es tat gut, ihm zuzusehen. Aber wo war mein Igel? Erst 4 Monate später hörten wir etwas von ihm. Er kam bei einem Nachbarn in den Grasmäher. Meine Mutter hat ihn tot liegen sehen. Mir sagte sie es erst viel später, erzählte auch, daß er in guter Verfassung gewesen sei. Daraus schließe ich, daß ihm jedenfalls die ernährungsmäßige Umstellung gelungen war.
Viele Betreuer haben ihren Igel irgendwo am Waldesrand abgesetzt und deshalb nichts mehr von ihm gesehen. Aber ich habe manchmal im Herbst gezeichnete Tiere in die Hand bekommen, die in guter Verfassung waren. Hier hat es sich sicher um solche gehandelt, die den letzten Winter bei Menschen verbracht haben. Mir wurde auch ein untergewichtiges, mit roter Farbe gezeichnetes Weibchen zum Auffüttern ins Haus gebracht. Ihm war die Vertrautheit mit Menschen anzumerken. Es führte auch bestimmte Kunststücke vor, wie an Türen kratzen, damit sie ihm aufgemacht werden. Weil mir sein Revier

nicht bekannt war, suchte ich ein Grundstück aus, das mir für einen Igel geeignet erschien. Ein Garten mit niedrigem Strauchwerk am Waldrand, mittendrin ein Haus. Ich sprach auch mit dem Besitzer und brachte den Igel an einem warmen Dezembertag hin. Er wog beim Aussetzen 850 g. Einige Abende wurde er noch vom Besitzer gefüttert, dann setzte Frost ein, und er fiel in den Winterschlaf.

Mir sind allerdings auch zwei Fälle bekannt, wo Igel, die im Garten beim Haus ausgesetzt wurden, Haustiere geblieben sind. Sie gehen wohl im Garten spazieren, rühren aber weder Schnecken noch Würmer an. In der Nacht erwarten sie die gewohnte Nahrung im bekannten Schälchen, und über den Tag schlafen sie im Haus.

Natürlich können wir nicht erwarten, daß sich alle unsere Igel in der Natur behaupten können. Schließlich haben wir bei den betreuten Exemplaren durch unser Eingreifen die natürliche Auslese verhindert, die sie nun nachträglich bestehen müssen. Durch unsere Betreuung während des Winters haben wir es den Igeln nur ermöglicht, den Lebenskampf in der Natur unter günstigeren Bedingungen anzutreten, mit einer guten Gesamtverfassung und in einer warmen Jahreszeit, in der genügend Futter vorhanden ist.

Wir können auch nicht erwarten, daß unser Igel in unserem Garten bleibt. Er kennt weder Dankbarkeit noch Anhänglichkeit, er gehört trotz der gewonnenen Vertrautheit mit uns sich selbst und folgt immer dem Ruf der Natur. Deshalb wird er schon aus seinem Selbsterhaltungstrieb heraus sein Quartier genau dort aufschlagen, wo er Gegebenheiten findet, die seinen Bedürfnissen am besten entsprechen. Das kann beim Nachbarn oder auf dem übernächsten Grundstück sein. Oft wird er auch von einem angestammten Igel aus dessen Revier vertrieben, denn in manchen Gärten leben bereits Igel, ohne daß es die Eigentümer bemerkt haben.

Besonders zu empfehlende Literatur:

Das Igel-Brevier, Richtlinien zur vorübergehenden Pflege eines Igels.
Zoologische Gesellschaft, Alfred-Brehm-Platz 16, 6000 Frankfurt 1

Sachregister